DES TRANSACTIONS

ET

DU DROIT D'ENREGISTREMENT

DANS SES RAPPORTS AVEC LES TRANSACTIONS,

Par Emile PHILIPPE,

Avocat à la Cour impériale de Paris.

THÈSE POUR LE DOCTORAT.

PARIS,

VINCHON, FILS ET SUCCESSEUR DE Mme Ve BALLARD,

Imprimeur de la Faculté de Droit,

RUE J.-J. ROUSSEAU, 8.

1853.

DES TRANSACTIONS.

DES TRANSACTIONS

ET

DU DROIT D'ENREGISTREMENT

DANS SES RAPPORTS AVEC LES TRANSACTIONS,

Par Emile PHILIPPE,

Avocat à la Cour impériale de Paris.

THÈSE POUR LE DOCTORAT,

Présentée à la Faculté de Droit de Paris,
le vendredi 4 février 1853, à midi,

Président : M. ORTOLAN, Professeur.

<table>
<tr><td rowspan="4">SUFFRAGANTS :</td><td>MM.</td><td></td></tr>
<tr><td>DEMANTE,</td><td rowspan="3">Professeurs.</td></tr>
<tr><td>PELLAT,</td></tr>
<tr><td>BRAVARD,</td></tr>
<tr><td>DUVERGER,</td><td>Suppléant.</td></tr>
</table>

PARIS,

VINCHON, FILS ET SUCCESSEUR DE Mme Ve BALLARD,
IMPRIMEUR DE LA FACULTÉ DE DROIT,
rue J.-J. Rousseau, 8.

1853.

A MON GRAND-PÈRE.

A MON PÈRE, A MA MÈRE

A MON MEILLEUR AMI, M. HUMBERT.

TABLE SOMMAIRE.

APERÇU HISTORIQUE.

PREMIÈRE PARTIE.

CHAPITRE Ier.

NATURE ET CARACTÈRE DE LA TRANSACTION.

CHAPITRE II.

FORMES ET PREUVES DE LA TRANSACTION.

CHAPITRE III.

DES PERSONNES CAPABLES DE TRANSIGER.

29. Incapacité relative de transiger.
30. Transition à la section 1re.

SECTION Ire.

31. Du mineur.

§ 1er. — *Des mineurs non émancipés.*

32. 1o *Des mineurs non émancipés qui scnt en tutelle.*
33. Formalités que le tuteur doit remplir pour transiger sur les biens du mineur.
34. Enumération de ces formalités.
35. Le mot *jurisconsultes* est mis, dans l'art. 467, pour désigner d'anciens avocats.
36. Explication du motif pour lequel la loi a employé l'expression de *jurisconsultes.*
37. L'avis des avocats doit être en faveur de la transaction; il ne suffit pas qu'ils aient été consultés.
38. La loi ne règle pas l'ordre dans lequel les formalités imposées au tuteur doivent être remplies. Selon nous, la consultation des avocats doit être soumise au conseil de famille en même temps que le projet de transaction.
39. Raison de ceci.
40. Pourtant, si cette consultation n'avait pas été soumise au conseil de famille, la transaction n'en serait pas moins valable; le texte même de la loi conduit à cette conséquence.
41. Le tuteur peut-il transiger seul sur le mobilier du mineur? — Décision négative.
42. Quoique le tuteur ne puisse, en aucun cas, faire seul une transaction valable sur les biens de son pupille, il peut cependant acquiescer à une demande relative, soit à ses droits mobiliers, soit même à ses droits immobiliers.
43. Cette différence s'explique par la différence même qui existe entre la transaction et l'acquiescement.

SECTION IV.

De l'incapacité des communes et des établissements publics.

SECTION V.

Du failli.

CHAPITRE VI.

DES CAUSES DE NULLITÉ DES TRANSACTIONS.

DEUXIÈME PARTIE.

Examen du droit d'enregistrement dans ses rapports avec les transactions.

CHAPITRE Ier.

DANS QUEL CAS LE DROIT FIXE EST-IL SEUL EXIGIBLE ? — LA TRANSACTION EST-ELLE DE SA NATURE DÉCLARATIVE OU TRANSLATIVE DE PROPRIÉTÉ ?

CHAPITRE II.

DU DROIT PROPORTIONNEL.

CHAPITRE III.

DIFFÉRENCES ENTRE LA TRANSACTION ET D'AUTRES ACTES OU CONTRATS AVEC LESQUELS ELLE A QUELQUE ANALOGIE.

166. Aucun droit de mutation n'est dû à raison d'un acte, qui n'est en réalité qu'une transaction sur des droits contestés, quoique cet acte porte *cession, transport ou subrogation de droits.*—La régie réclame pourtant dans ce cas le droit de mutation.—D'où cela vient-il ?— Citation d'un passage de Guyot, qui signale l'existence de ce mal dans notre ancienne jurisprudence et en indique la cause.

POSITIONS.

I. Droit romain.
II. Histoire du droit.
III. Droit français.
IV. Droit pénal.
V. Droit des gens.

APERÇU HISTORIQUE.

Multum lucrari existimatur, qui a litibus eximitur.

Il gagne beaucoup celui qui évite un procès; il gagne même quand, pour arriver à ce résultat, il fait d'immenses sacrifices, puisqu'il acquiert ainsi un bien inestimable : la paix et la tranquillité.

Il n'y a point de conventions plus respectables et plus dignes d'intérêt que les transactions; elles tarissent la source de toute dissension en terminant les contestations déjà nées, en prévenant les contestations à naître ; mieux et plus sûrement que les jugements, elles opèrent des réconciliations durables, et délivrent les parties du trouble que produit toujours l'événement des procès.

En effet, si les jugements terminent les différends, ce n'est pas le plus souvent sans laisser des regrets à la partie défaillante, sans jeter entre les contendants des germes d'animosité et de haine.

Il n'en est pas ainsi des transactions : par elles les procès sont terminés ou prévenus ; mais ce sont les parties elles-mêmes qui, dégagées de toute prévention, s'établissent leurs propres arbitres ; ce sont elles alors qui, après s'être écoutées simultanément, se déterminent, par esprit de conciliation et de paix, à se départir, en tout ou en partie, de leurs prétentions, et à s'affranchir, par des sacrifices offerts et acceptés librement, des peines et des inquiétudes auxquelles une plus longue lutte les eût laissées exposées.

Aussi, l'effet ordinaire de ces accommodements amiables est-il de rapprocher les familles les plus divisées, et de faire revivre souvent des amitiés depuis longtemps brisées.

C'est afin de les encourager que la loi, par une faveur toute spéciale, a cru devoir leur assurer une exécution nécessaire en leur donnant une force égale à l'autorité des jugements passés en force de chose jugée : *Non minorem auctoritatem transactionum, quam rerum judicatarum esse*, disent les empereurs Dioclétien et Maximien (L. 20, C., *de transact.*, art. 2052, C. civ.).

Chez les Romains, la transaction n'était qu'un *pacte*, c'est-à-dire une convention non munie d'action d'après le droit civil ; toutefois, il n'en était ainsi que dans le cas seulement où elle avait été faite sous la forme d'une simple convention ; que si, au contraire, on avait employé les formalités de la stipulation, elle n'était plus alors un simple pacte, mais bien un contrat *verbis*, jouissant de tous les avantages accordés aux contrats de cette nature.

La transaction faite sous la forme d'un simple pacte n'engendrait pas d'action ; elle ne donnait lieu qu'à une exception (1) au profit de celle des parties à laquelle l'autre avait promis de ne rien demander : le pacte, en effet, n'était pas une des causes extinctives des obligations en droit romain.

Mais si en transigeant sous cette condition que rien ne vous serait plus demandé, on avait fait intervenir la stipulation Aquilienne, toute action était alors éteinte, et on se trouvait libéré *ipso jure* (2).

Celui qui, par une transaction faite *intra nudi pacti fines*, s'était fait promettre que quelque chose lui serait donné, n'acquérait par cette convention aucune action à l'effet d'obtenir ce qui lui avait été promis ; mais comme cette con-

---

(1) L. 9, C., de transact.
(2) L. 15, C., eod. titul.

vention n'avait pas éteint l'action qu'il avait auparavant, il pouvait s'en servir, et si son adversaire lui opposait l'exception de pacte, il pouvait lui répondre que c'était manquer à la foi due à la transaction que de ne pas remplir ce qu'il avait promis par cette convention.

On peut voir une application de ces principes dans la loi 28, au Code, *de transact.*

Si, au lieu de rester dans les bornes d'un simple pacte, on avait employé la stipulation, l'action *ex stipulatu* en naissait; que si quelque chose avait été donné ou fait, il y avait lieu alors à l'action *præscriptis verbis.*

Quoique simple pacte, la transaction n'était point dépourvue de solidité; celui qui l'avait conclue ne pouvait facilement s'en écarter.

Les jurisconsultes romains lui accordaient, en effet, *vim rei judicatæ,* et ils pensaient avec raison que *nullis erit litium finis, si a transactionibus bona fide interpositis cœperit facile discedi* (1).

C'est pour ces raisons, que l'action en rescision contre l'existence de cette convention n'avait été admise que dans certains cas déterminés, tels que la découverte de la fausseté des pièces sur lesquelles elle avait eu lieu; ou bien encore, si ce pacte n'était intervenu que

---

(1) L. 10, C., de transact.

par crainte, *metus causa* (L. 13, C., *de transact.*), ou par dol.

Pour obtenir la rescision de la transaction, il fallait, à l'exception de pacte, opposer la réplique de dol.

Mais si, après avoir transigé, on avait éteint l'action au moyen de la stipulation Aquilienne, on ne pouvait plus agir que par action de dol. Ainsi, par exemple, celui qui, arrivé à sa majorité, a soumis à la stipulation Aquilienne l'action en reddition de compte, et qui l'a éteinte par acceptilation, n'a plus aucune action, si ce n'est pourtant l'action *de dolo;* à moins qu'il n'ait aussi transigé sur le dol, auquel cas il est entièrement dépourvu d'action (L. 4, C., *de transact.*).

La distinction établie par le droit civil des Romains entre les pactes et les contrats n'a jamais été admise dans notre ancienne jurisprudence française; toutes les conventions y étaient productives ou extinctives d'obligations; c'est ce qui explique pourquoi peu de nos anciens auteurs ont traité des transactions *ex professo;* Domat en a pourtant dit quelque chose dans son livre *des Lois civiles*.

Il est regrettable pour la science, que la mort n'ait pas permis au docte et judicieux Pothier de remplir la promesse qu'il avait faite, dans son *Contrat de la vente* (n° 647) (1), d'écrire un traité sur notre sujet.

Ceux de nos anciens auteurs qui se sont occupés des transactions, n'en ont traité (pour la plupart) qu'accidentellement et qu'indirectement, amenés qu'ils y furent par la question de savoir quels étaient les droits fiscaux auxquels la transaction pouvait donner ouverture; la solution de cette question se rattachait à la nature même de la transaction; car, pour la résoudre, il fallait au préalable savoir si la transaction est *translative* ou *déclarative* de la propriété. Ils l'examinèrent donc sous ce point de vue; malheureusement ils se divisèrent. Les uns, tels que Dumoulin (sur l'ancienne coutume de Paris, § 33, Gloss., 1, n° 67), d'Argentré (de laudimiis, § 55), Ferrerius (sur Guy-Pape, *quæst.* 4), de Poquet de Livonières (liv. 4, chap. 4, sect. 7), soutenaient que la transaction était déclarative. Les autres, tels que Tiraqueau (du Retrait lignager, § 1, Gloss., 14, n° 16) et Fonmaur (n° 414), la considéraient comme translative de propriété.

Dans notre ancienne jurisprudence, la transaction était vue avec faveur et protection; aussi Charles IX, par une ordonnance de 1560, déclara-t-il que l'on ne pourrait revenir contre

---

(1) Tome 3 des œuvres de Pothier, éd. Buguet.

elle que pour dol personnel ou erreur de calcul, et que la lésion n'y aurait pas lieu.

Nous l'avons déjà dit en commençant, les résultats de la transaction sont précieux pour la société ; car en rapprochant les hommes les plus divisés, elle fait cesser les inimitiés et elle fait renaître la paix, cette fleur précieuse qui doit être l'hôte de notre cœur et de notre foyer.

C'est par ce côté qu'elle a attiré notre attention, et c'est ce qui nous a déterminé à en faire une étude spéciale et approfondie.

Nous avons divisé notre travail en deux parties : dans la *première*, nous traitons de la transaction au point de vue du droit civil; cette première partie est divisée en six chapitres, ainsi qu'il suit :

Dans le *premier*, nous recherchons quels sont la nature et le caractère de la transaction.

Dans le *second*, si ce contrat doit revêtir une certaine forme.

Dans le *troisième*, quelles sont les personnes qui peuvent le former.

Dans le *quatrième*, quelles sont les choses qui peuvent en être l'objet.

Dans le *cinquième*, quels sont ses effets.

Dans le *sixième*, quelles sont les causes de rescision auquel il est soumis.

Dans une *seconde partie*, nous nous sommes

occupé du droit d'enregistrement dans ses rapports avec les transactions. Cette seconde partie est divisée en trois chapitres.

Dans le *premier*, nous recherchons dans quel cas le droit fixe est seul exigible en matière de transaction, et à cette occasion nous examinons la célèbre question de savoir si la transaction est translative ou déclarative de propriété.

Dans le *deuxième*, nous nous sommes proposé de démontrer dans quel cas la transaction est passible du droit proportionnel.

Enfin, dans un *troisième* et dernier chapitre, nous comparons la transaction à quelques actes ou contrats avec lesquels elle a quelque analogie.

PREMIÈRE PARTIE.

DES TRANSACTIONS.

CHAPITRE Ier.

NATURE ET CARACTÈRE DE LA TRANSACTION.

1. La transaction est un contrat par lequel les parties préviennent ou terminent un procès dont l'issue est douteuse et incertaine, au moyen de concessions réciproques.

2. L'art. 2044 du Code Napoléon la définit : « Un contrat par lequel les parties terminent une contestation née ou préviennent une contestation à naître. » Cette définition, beaucoup trop large, a le défaut de ne pas faire connaître le caractère propre et distinctif de la transaction d'avec les autres actes qui, comme elle, ont pour résultat de prévenir ou terminer un différend, tels que l'acquiescement, le désistement ou la ratification.

3. Ce qui caractérise la transaction, c'est *une réciprocité de sacrifices.*

4. Le législateur de 1804 n'a pas reconnu

cette vérité, guidé qu'il était par ce passage de Domat : « Ce qui est dit dans la loi 38 au Code *de transactionibus*, qu'il n'y a pas de transaction si l'on ne donne et ne promet rien, ou si on ne retient quelque chose, ne doit pas être pris à la lettre ; car on peut transiger sans rien donner et sans rien promettre (1). »

Nous croyons que Domat a ici commis une erreur, et nous ne pouvons admettre que le contrat par lequel on renonce à son droit sans que l'autre partie fasse aucun sacrifice soit une transaction ; c'est un désistement, un abandon de son droit, mais non une transaction.

5. Pour qu'il y ait transaction, il faut : 1° que quelque chose soit donné, retenu ou promis par chacune des parties, *hinc et inde dari aut retineri necesse est* (2) ; 2° que ce qui est donné, retenu ou promis, le soit dans le but d'éteindre ou de prévenir un procès : *litis motæ aut movendæ decidendæ causa.*

6. Ce qui nous amène à dire que l'existence d'une contestation née ou à naître est *essentielle* à la transaction : *ubi lis superesse non potest, transactio nulla est* (3) Il n'y aurait pas de transaction, ainsi que le disait M. Bigot-Préameneu dans son exposé de motifs au corps législatif,

---

(1) Domat, Lois civiles, p. 147.
(2) V. Favre, au Code, tit. 4, déf. 3, note 8.
(3) Pothier, ad Pandectas.

si elle n'avait pas pour objet un droit douteux.
Si le droit était certain et qu'on en fît le sacrifice, le contrat ne serait plus une transaction,
il serait une renonciation soit à titre onéreux,
soit à titre gratuit.

Mais à quel signe reconnaîtra-t-on le doute
suffisant pour fonder une véritable transaction? « Il sera toujours facile aux juges, disait
l'orateur du gouvernement, de vérifier si l'objet
de l'acte est susceptible de doute ; il n'y a point
pour une pareille vérification de règle générale
à établir. »

7. Pour que l'incertitude de l'affaire soit
manifeste, il n'est pas nécessaire qu'un procès
soit engagé ; il suffit qu'il soit possible et qu'on
conçoive à cet égard une crainte réelle : *sufficit
metus litis instantis vel eventus dubius litis penden-
tis* (1).

Aux juges du fait appartient le pouvoir d'apprécier les circonstances d'où peut découler la
preuve que la crainte d'une contestation existait. Dans cet examen, le devoir du juge est de
se mettre au point de vue des parties, de faire
la part de leurs passions et de leurs erreurs, de
se rappeler que la raison humaine est telle
que bien souvent ce qui est certain en soi paraît douteux à bon nombre d'esprits prévenus :

____

(1) L. 65, § 1, D., de cond. indeb.

plus est in opinione quam in veritate. Le juge n'oubliera pas cette maxime ; il recherchera moins le droit en lui-même que l'opinion que les parties en ont eue, et ce ne sera pas sans de graves motifs qu'il se déterminera à déclarer le droit tellement certain qu'il ne pouvait faire l'objet d'une transaction.

8. La transaction est 1° *un contrat consensuel*, car le consentement suffit pour lui donner sa perfection.

9. 2° La plupart des auteurs la désignent comme un *contrat synallagmatique* (1). Mais pourtant qu'est-ce qu'un contrat synallagmatique, sinon celui qui engendre pour chacune des parties des obligations réciproques, c'est-à-dire un contrat qui donne à chacun des contractants un droit contre l'autre ? Or, la transaction confère-t-elle à chacune des parties un droit contre l'autre ? Examinons. J'ai été nommé par le testament de Pierre son légataire universel ; le testament n'étant point parfaitement régulier, je consens, *ob timorem litis*, à transiger avec Paul, qui, à mon défaut, serait héritier légitime du défunt, et à restreindre mon droit à la moitié de l'hérédité : cette transaction donne-t-elle à Paul un droit contre moi ? A quoi

---

(1) *Sic*, M. Zachariæ, tome 3, p. 136; M. Troplong, Comm. du C. c., tome 17, n° 16; M. Marbeau, Traité des transactions, n° 6.

Paul peut-il me contraindre *nomine transactio-*
nis? A rien absolument. Paul n'a aucune action
contre moi ; il ne pourra jamais me contraindre
à donner ou à faire quelque chose. Pourvu que
je renferme ma demande dans la limite de ce
qui a été convenu dans la transaction, il n'a
rien à me demander ; lui seul est donc obligé,
savoir à me délivrer la moitié de la succession
de Pierre. Notre contrat n'a, comme on le voit,
produit qu'une action, et une action qui appartient à celle des parties qui a renoncé à une
portion de son droit. En conséquence, ne pourrait-on pas dire que la transaction, dans certains cas et même le plus souvent, n'est qu'*un*
contrat unilatéral, puisque (comme nous venons de le démontrer par l'exemple que nous
avons cité) il se peut qu'une seule des parties
soit obligée ?

10. 3° La transaction est *un contrat à titre*
onéreux, puisqu'elle assujettit chacune des parties à donner, à faire ou à ne pas faire quelque
chose (1).

11. La transaction participe à la fois et de la

------

(1) Nous ne disons pas avec **M. Marbeau**, n° 9, que la transaction est un *contrat aléatoire*, puisque chacune des parties,
à la place du droit qu'elle avait, reçoit, du moins en général,
un équivalent certain et parfaitement appréciable au moment
même du contrat.

nature du jugement et de la nature de la convention ; elle constitue, en effet, un véritable jugement conventionnel, un jugement qui prononce sur un procès, et qui prononce définitivement et en dernier ressort ; un jugement d'autant plus sacré que les parties elles-mêmes, l'ayant volontairement rendu, ne sauraient être admises à critiquer leur propre ouvrage : *nihil ita fidei congruit humanæ, quam ea quæ placuerant, custodiri.* La transaction, en un mot, est un jugement qui a toute l'autorité de la chose jugée en dernier ressort (art. 2052, Cod. Nap.).

12. Il existe cependant entre le *jugement* et la *transaction* des différences notables :

1° Un jugement est le fruit d'une conviction portée jusqu'à la certitude dans l'esprit du magistrat qui le prononce. Une transaction, au contraire, est presque toujours une concession arrachée par le doute sur le droit, et par la défiance de sa propre opinion.

2° Un jugement n'intervient que sur une contestation née ; la transaction peut porter sur une contestation à naître.

3° Dans certains cas, les transactions ont plus de force entre les parties contractantes qu'un jugement qui aurait acquis l'autorité de la chose jugée en dernier ressort. Ainsi, par exemple , un jugement passé en force de chose jugée peut être cassé, s'il est contraire à la loi ; la transaction, au contraire, ne peut jamais être attaquée pour cause d'erreur de droit (art. 2052 Code Napoléon).

4° De même, un jugement passé en force de chose jugée peut être rétracté par voie de requête civile, s'il contient des dispositions contraires entre elles (art. 480 Code de proc.); tandis qu'une transaction ne pourrait être annulée dans cette circonstance; il y aurait lieu seulement, en pareil cas, à interprétation des dispositions contradictoires.

La transaction dans ces deux cas a plus de solidité que le jugement, ainsi que le disait *Tronchet au Premier Consul* (1).

5° Un jugement passé en force de chose jugée peut être cassé ou rétracté quant à l'un de ses chefs seulement, s'il y a lieu; et dans ce cas, ses autres dispositions produisent tout leur effet, à moins qu'elles ne soient dépendantes de la disposition anéantie (art. 480 et 482, C. pr.). Dans les transactions, au contraire, la nullité de l'une des dispositions entraîne la nullité de toutes les autres (2); car, en règle générale, toutes les parties d'une transaction s'enchaînent d'une manière inséparable et indivisible. On n'a transigé qu'à des conditions

---

(1) Locré, Législation civile, tome 15, p. 409.
(2) V. art. 2055 du Cod. Nap.

corrélatives, et si l'une manque l'autre doit disparaître.

13. La transaction étant un contrat, quatre choses sont de son essence : 1° le consentement des parties; 2° leur capacité de contracter; 3° un objet certain; 4° une cause licite (art. 1108, Code Nap.).

14. La transaction s'écarte pourtant des contrats ordinaires en deux points : 1° et en effet *elle doit être rédigée par écrit,* disposition de la loi dont nous allons donner l'explication dans le chapitre suivant; 2° elle n'est *pas annulable pour cause d'erreur de droit,* comme nous le verrons plus loin (chap. VI, n° 121).

CHAPITRE II.

FORMES ET PREUVES DE LA TRANSACTION.

15. La loi a-t-elle exigé pour la transaction une forme particulière et spéciale? D'après le droit romain la transaction peut être faite soit verbalement soit par écrit. Dans la loi 5, au Code, *de transactionibus,* nous lisons : *Scriptura necessaria non est.* La loi 28 (*eod. titulo*) porte : *Sive apud acta rectoris provinciæ, sive sine actis, scriptura intercedente vel non, transactio interposita est, hanc servari convenit.*

16. Sous notre Code en est-il de même? La transaction peut-elle être faite verbalement? Oui, sans aucun doute; et si la loi exige l'écriture dans ce contrat, ce n'est pas comme solennité essentielle à sa validité, mais comme moyen de preuve; aussi est-il rationnel que l'on puisse suppléer au défaut de rédaction par écrit par la plus forte et la plus décisive de toutes les preuves, c'est-à-dire par l'aveu des parties intéressées : *Fiunt enim scripturæ, ut quod actum est facilius probari possit, et sine his autem valet quod actum est, si habeat probationem* (1).

17. Ainsi, à notre avis, une transaction *verbale avouée* a tout autant d'autorité qu'une *transaction écrite.*

18. L'écriture est nécessaire dans la transaction *ad probationem* mais non *ad solemnitatem;* il en est différemment en cas de donation ; ces deux contrats, transaction et donation, ne sont pas vus avec la même faveur, ou plutôt l'un est toléré, l'autre, au contraire, encouragé; dans l'un, les formalités exigées le sont dans le désir d'éloigner de ce contrat et de l'environner le plus possible d'entraves et de causes de nullité. Lorsque le législateur demande aux parties de rédiger par écrit leurs transactions, c'est uniquement dans la crainte que l'acte des-

______

(1) L. 4, Dig., de fide instr.

tiné à prévenir ou à terminer leur procès ne soit lui-même l'objet d'un procès sur le fait de son existence.

19. La transaction verbale avouée, avons-nous dit a autant de force qu'une transaction écrite ; mais si la partie à laquelle on oppose un contrat de cette nature non rédigé par écrit en méconnaît l'existence, pourra-t-on prendre, pour l'obliger à l'avouer ou à le dénier formellement, soit la voie de l'interrogatoire sur faits et articles, soit celle de la délation du serment ?

MM. Merlin (1), les annotateurs de Zachariæ (2), Marbeau (3), Duranton (4) et Delvincourt (5), soutiennent que si l'une des parties méconnaît l'existence de la transaction verbale, on peut être autorisé à la faire interroger sur faits et articles, ou à lui déférer le serment décisoire. Ces auteurs se fondent sur ces mots de l'art. 324 du Code de procédure : *Les parties peuvent en toutes matières et en tout état de cause demander de se faire interroger respectivement sur faits et articles.* Ils s'appuient aussi sur ceux de l'art. 1358 du Code Napoléon :

____

(1) Quest. de droit, § 8, n° 2, au mot *Transaction.*
(2) Zachariæ, p. 141, tome 3.
(3) N° 203.
(4) Tome 18, n° 406.
(5) Tome 3, p. 477. Ajoutez : Syrey, Cod. de proc. annoté, sur l'art. 324.

Le serment décisoire peut être déféré sur quelque espèce de contestation que ce soit.

Quant à nous, nous croyons que, ni l'interrogatoire sur faits et articles, ni le serment, ne peuvent être admis; car ces moyens répugnent à la nature de la transaction ; ils supposent un débat judiciaire, et la loi ne veut pas qu'il puisse y en avoir. Toute transaction non rédigée par écrit n'est pas censée sérieuse aux yeux de la loi; il n'y a que l'aveu des parties qui puisse la faire échapper à cette présomption.

20. D'après ce que nous venons de dire, nous ne pourrions autoriser une partie à prouver par témoins l'existence d'une transaction, quand bien même cette partie serait munie d'un commencement de preuve par écrit. Enfin la preuve testimoniale ne serait pas admissible alors même que l'objet de la transaction ne dépasserait pas cent cinquante francs.

21. Faut-il décider de même dans les cas prévus par l'article 1348 (*in principio*, et n° 4), c'est-à-dire : 1° dans le cas où il a été impossible aux parties de se procurer une preuve écrite de la transaction ; 2° dans celui où l'écrit qui servait de preuve littérale a été perdu par suite d'un cas fortuit ou d'une force majeure? Nous admettons la négative. L'équité exige que, même dans notre matière, les règles strictes et positives en fait de preuves soient écartées pour

faire place à l'indulgence et à la faveur, toutes les fois que les contractants n'ont rien à se reprocher, comme il arrivera dans les deux hypothèses que nous avons prévues.

22. La transaction, étant un contrat non solennel, peut être faite, soit par acte authentique, soit par acte sous seing privé.

23. Si ce contrat est fait sous signatures privées, il doit être rédigé en autant d'originaux qu'il y a de parties contractantes, car, dans une transaction, chacune des parties a intérêt à avoir un écrit. Ainsi, supposons que, pour vous délivrer de mes poursuites relatives au champ A, vous m'avez promis une somme de 100 francs : moi, j'ai besoin d'un double afin d'avoir un titre pour pouvoir vous réclamer la somme promise, et vous, vous avez intérêt aussi à avoir un double afin de pouvoir me l'opposer si j'étais assez osé, au mépris de ma transaction, pour faire valoir contre vous mon droit abandonné. Nous avouons que les auteurs qui considèrent la transaction comme un contrat synallagmatique trouvent dans la nécessité de ces doubles un argument puissant en faveur de leur opinion. (Voir ce que nous avons dit plus haut, n° 9, pages 26 et 27.)

24. Les parties étant convenues de la manière dont elles veulent terminer leur différend, peuvent demander aux juges de leur donner acte

de leur accord; le jugement qui intervient alors prend le nom de *jugement d'expédient*, ou *jugement convenu*. Ce jugement produit les mêmes effets que les jugements rendus sur des prétentions contestées entre les parties. Il ne peut donc être attaqué par action principale en nullité, mais seulement par les voies de recours ouvertes contre les jugements en général, et dans les délais fixés par la loi pour l'exercice de ces recours. D'un autre côté, les jugements convenus étant censés acquiescés d'avance, ont cela de particulier, qu'ils ne sont susceptibles d'être attaqués au fond qu'autant que la transaction qu'ils ont eu pour objet de consacrer est elle-même entachée d'une cause de nullité ou de rescision ; enfin, ils ne peuvent être réformés en partie et maintenus en partie (1).

25. Si les parties, au lieu de ne poser que des conclusions aux juges et de leur en demander acte, rédigent elles-mêmes un jugement et le présentent, revêtu de la signature de leurs avoués, au tribunal qui le reçoit et l'homologue, quelle sera la force de ce jugement? OEuvre des particuliers plutôt que celle du juge, il ne vaudra que comme transaction et comme convention, et il pourra toujours être attaqué par

---

(1) V. Zachariæ, tome 3, p. 139; Rauter., proc. civ., n° 161; Carré, Lois de la procédure, t. 4, 1631.

action principale, sans qu'il soit nécessaire d'in-
terjeter appel.

26. On peut transiger au bureau de paix. Le
procè-verbal dressé pour constater les arran-
gements des parties doit mentionner les clauses
de la transaction. Cette transaction, quoique
constatée par acte authentique (car le procès-
verbal du juge de paix est un acte authentique,
puisqu'il est dressé par un officier public com-
pétent), ne jouit pas cependant des avantages
que la loi accorde aux actes authentiques ordinaires ; ainsi, elle ne peut pas être revêtue de
la formule exécutoire; elle ne peut pas non
plus contenir constitution d'une hypothèque
valable au profit de l'une des parties; la loi
n'ayant accordé qu'aux notaires seuls le droit
de recevoir les conventions d'hypothèque (article 2127, Code Nap.).

Notons pourtant que tout en retirant au procès-verbal du juge de paix *la force* d'acte authentique, la loi lui laisse cependant la *foi* due
à cette sorte d'actes : la transaction insérée
dans le procès-verbal fera donc *foi* de sa date
jusqu'à inscription de faux (V. art. 54 Code de
pr. civ. — Boitard, *Leçons de procédure civile*,
tome Ier, p. 188 et suiv.)

27. Quelquefois les parties qui veulent transiger remettent à un amiable compositeur un
blanc-seing sur lequel celui-ci est autorisé à

écrire les pactes qui doivent les mettre d'accord ; la transaction faite dans ce cas est-elle valable ? Oui ; seulement la validité de la transaction faite par Pierre, auquel j'ai remis un blanc-seing, ne reposera pas sur le mandat qu'on voudrait faire résulter du blanc-seing que j'ai remis à celui-ci, car le blanc-seing n'est qu'une simple signature, qui ne peut constituer de véritable mandat, ou qui du moins (si on voulait lui reconnaître cet effet) ne pourrait toutefois fonder qu'un mandat général, c'est-à-dire qu'un mandat insuffisant pour conférer le droit de transiger (art. 1988, Code Nap.). En conséquence, si nous validons la transaction faite par Pierre, auquel j'ai remis un blanc-seing, ce n'est que parce que nous supposons que je lui ai donné un mandat verbal et spécial pour consentir cette sorte d'acte ; du reste, si celui avec lequel Pierre a transigé venait à me demander l'exécution de la transaction qu'il a faite avec lui, je pourrais le repousser en refusant de reconnaître à ce dernier un mandat valable pour transiger en mon nom ; et comme en notre matière toute espèce de preuve (autre que l'aveu fait par écrit ou en justice) est interdite, il ne pourrait être admis à prouver l'étendue du mandat de Pierre, la preuve du mandat étant indirectement la preuve de la transanction, preuve complétement interdite, comme nous l'avons déjà dit.

CHAPITRE III.

DES PERSONNES CAPABLES DE TRANSIGER.

28. Pour pouvoir transiger valablement il faut être capable de disposer des objets compris dans la transaction. Les incapables sont : 1° les mineurs ; 2° les interdits ; 3° les individus qui, sans avoir été interdits, ont été placés dans une maison d'aliénés (loi du 30 juin 1838) ; 4° ceux auxquels il a été nommé un conseil judiciaire (art. 513, Code Nap.) ; 5° les femmes mariées, dans les cas exprimés par la loi (article 1123, Code Nap.) ; 6° les communes et les établissements publics.

29. Notons qu'il y a certaines personnes qui, quoique capables en général, sont en certains cas, et relativement à certaines personnes, frappées d'une espèce d'incapacité ; tels sont, par exemple, le tuteur, auquel il est défendu d'acheter les biens de son mineur (art. 450, Code Nap.) ; les époux, entre lesquels les ventes sont interdites, si ce n'est dans les trois cas prévus par l'art. 1595 du Code Napoléon.

30. Nous allons nous occuper de chacune de ces incapacités en particulier.

SECTION Ire.

De l'incapacité du mineur.

31. Le mineur, c'est-à-dire l'individu qui

n'a pas encore atteint l'âge de vingt et un ans accomplis, *est émancipé* ou *non émancipé*.

S'il n'est pas émancipé, il est ou en tutelle ou en puissance paternelle ; occupons-nous d'abord du cas où il est en tutelle, mais seulement quant à ce qui est relatif aux transactions.

§ 1er. — Des mineurs non émancipés.

32. 1° *Des mineurs non émancipés qui sont en tutelle.* — Le mineur non émancipé n'a point l'exercice de ses droits civils ; il ne peut agir par lui-même, vu la faiblesse de son âge ; aussi la loi lui a-t-elle donné un représentant qui agit pour lui ; ce représentant a reçu le nom de tuteur.

33. « Il ne peut (dit l'art. 467 de notre Code) transiger pour le mineur qu'après y avoir été autorisé par le conseil de famille et de l'avis de trois jurisconsultes désignés par le procureur impérial près le tribunal de première instance ; la transaction ne sera valable qu'autant qu'elle aura été homologuée par le tribunal de première instance après avoir entendu le procureur impérial. »

34. Quatre conditions sont donc requises : 1° et 2° l'autorisation du conseil de famille et l'avis de trois jurisconsultes qui doivent être désignés par le ministère public ; 3° et 4° l'homologation du tribunal de première instance après avoir entendu le procureur impérial.

35. L'article se sert du mot *jurisconsultes*, et ce mot ne représentant pas une situation, une profession légale, il s'ensuit que rigoureusement peut-être le procureur impérial pourrait désigner des personnes qui auraient étudié le droit sans avoir pris aucun grade; disons pourtant que dans la pratique il n'en est pas ainsi, et que le procureur impérial désigne toujours d'anciens avocats, c'est-à-dire des avocats qui exercent depuis dix ans au moins près un des tribunaux de la cour impériale (art. 495 Code de procéd.).

36. Du reste, si le législateur de 1804 a employé l'expression de *jurisconsultes* pour désigner sous ce titre des avocats, c'est qu'à cette époque l'ordre des avocats, supprimé par l'art. 10 de la loi du 2 septembre 1790, n'avait pas encore été rétabli (Voyez la loi du 22 ventôse an XII, art. 29, et le décret du 14 décembre 1810).

37. Il ne suffit pas que les avocats consultés donnent leur avis; il faut encore qu'ils approuvent le projet de transaction; la loi, en effet, ne dit pas : après avoir pris le *conseil*, mais l'*avis*, c'est-à-dire l'*approbation*.

38. La loi ne règle point l'ordre dans lequel

doivent être remplies les formalités qu'elle prescrit au tuteur pour transiger.

Nous croyons que la consultation des trois jurisconsultes doit être soumise au conseil de famille en même temps que le projet de transaction, dont le tuteur, le plus souvent, n'arrête les bases que d'après l'avis même des avocats désignés.

39. Ce mode de procéder est certainement celui que la loi a voulu établir. En effet, pourquoi la loi prescrit-elle au tuteur de prendre l'avis de trois jurisconsultes? Ce n'est point assurément pour éclairer le tribunal..... ce ne peut être que pour éclairer le tuteur et surtout le conseil de famille, qui, pour l'ordinaire, se trouve composé d'hommes peu versés dans les lois. Le point de droit est, dans les transactions, de la plus haute importance, parce qu'un arrangement paraît plus ou moins avantageux, selon que la prétention sur laquelle il intervient paraît plus ou moins fondée. C'est donc dans le but d'éclairer les membres du conseil de famille que notre Code exige que des jurisconsultes choisis examinent l'affaire et donnent leur avis.

40. Toutefois nous croyons que ce serait dépasser la volonté de la loi que de déclarer nulle une transaction, par cela seul que l'avis des avocats n'aurait pas été soumis au conseil de

famille; le texte même de notre article s'y oppose. En effet, il semble exiger : 1° l'autorisation du conseil de famille; 2° l'avis des jurisconsultes; 3° l'homologation du tribunal.

41. Le tuteur peut *seul* disposer à titre onéreux des biens meubles du mineur; faut-il en conclure qu'il peut seul transiger sur ses droits mobiliers? Nous ne le pensons pas. La transaction, en effet, est un acte à part qu'il ne faut pas confondre avec une simple aliénation. D'ailleurs l'art. 467 porte que, sans distinguer entre les meubles et les immeubles, « Le tuteur ne pourra transiger au nom du mineur qu'en remplissant les formalités voulues (1). »

42. Pour qu'un tuteur transige valablement au nom du mineur, même sur des droits mobiliers, il faut qu'il ait pris l'avis de trois jurisconsultes nommés par le procureur impérial, qu'il ait obtenu l'autorisation du conseil de famille, et que le projet de transaction ait été homologué par le tribunal de première instance, le ministère public entendu.

Au contraire le tuteur peut acquiescer valablement pour le mineur, même quant à des droits immobiliers, avec la seule autorisation du conseil de famille et sans aucune autre condition;

---

(1) *Sic*, MM. Delvincourt, t. 1, p. 120, note 8 ; Zachariæ, t. 1, p. 231; Ducaurroy, Bonnier et Roustain, t. 1, n° 669.

on exige donc plus de formalités pour la transaction que pour l'acquiescement ; et pourtant, il semble que l'acquiescement soit un acte beaucoup plus grave, puisqu'il consiste dans l'entier abandon de la défense et des prétentions du mineur, tandis que la transaction est un échange de sacrifices réciproques.

43. La raison de différence se tire de ce qu'une transaction suppose un droit douteux, sur lequel une contestation s'est élevée ou peut s'élever ; tandis que dans l'acquiescement, au contraire, il y a reconnaissance pure et simple du droit prétendu contre nous (1). Il a paru inutile au législateur, dans le cas où il n'y a pas même *res dubia*, où le droit de l'adversaire est certain, d'exiger que le tuteur fasse des frais de consultation d'avocats, d'homologation de tribunal ; il lui a semblé raisonnable de ne pas contraindre le tuteur à plaider quand même, et il a pensé que le conseil de famille pourra très bien, quoique seul, reconnaître si le droit de l'adversaire peut ou non faire l'objet d'un doute.

44. Le tuteur ne peut, en aucun cas, compromettre sur les affaires du mineur ; cette règle ne se trouve pas écrite dans le Code Napoléon ; nous la trouvons dans le Code de procédure.

---

(1) M. Valette sur Proudhon, t. 2, p. 396.

D'une part, aux termes de l'art. 1003 de ce Code, on ne peut compromettre que sur les droits dont on a la libre disposition ; d'autre part, aux termes de l'art. 1004 du même Code, on ne peut compromettre sur aucune des contestations qui sont sujettes à communication au ministère public. Or, premièrement le tuteur n'a pas la libre disposition des biens du mineur; secondement, les causes des mineurs sont sujettes à communication au ministère public (art. 83, Code proc.); donc le compromis est absolument interdit au tuteur.

45. C'est qu'en effet la différence est grande entre le compromis et la transaction. Dans la transaction, ce sont les parties qui défendent elles-mêmes leurs prétentions et qui consentent en connaissance de cause aux sacrifices qu'elles croient utile et prudent de faire ; tandis qu'elles s'en remettent absolument, par le compromis, à la décision future et tout à fait inconnue de simples particuliers sans caractère public et dont aucune condition spéciale ne garantit l'aptitude.

46. Le mineur est, en général, pendant tout le temps de sa minorité, incapable des actes de la vie civile; il ne peut agir lui-même ; il agit, mais par le fait de son tuteur.

Quel sera donc le sort de la transaction faite par un mineur sans remplir aucune des formalités exigées par la loi? Cette transaction sera nulle pour défaut de formes (art. 1311, Code Nap.). Notons du reste qu'un mineur ne pourra jamais transiger, comme mineur, en remplissant les formalités que la loi exige pour les transactions des mineurs. En effet, un conseil de famille n'autorisera jamais un mineur à transiger seul, et un tribunal (supposons un instant que cette autorisation ait été donnée par le conseil de famille) ne l'homologuera jamais. La transaction que le mineur pourra faire sera donc toujours nulle pour vices de forme. Mais comme les formalités réclamées ne le sont qu'en faveur des mineurs, leur absence ne produit qu'une *nullité relative*, c'est-à-dire qu'une nullité dont ce mineur ne pourra se prévaloir, et qu'il pourra aussi couvrir par une ratification soit expresse (art. 1338), soit tacite (art. 1304, Code Nap.).

47. La transaction faite par le tuteur avec toutes les formalités exigées par la loi n'est susceptible d'aucune espèce d'action en rescision de la part du mineur; elle l'oblige comme s'il l'avait lui-même consentie en état de majorité.

En effet, le tuteur n'est que le mandataire du mineur, et, d'après l'art. 1998, le mandant est tenu d'exécuter les engagements contractés par son mandataire, conformément au pouvoir qui lui a été donné. Donc le mineur est obligé d'exécuter les engagements contractés par le tuteur, conformément au mandat qui lui a été donné par la loi ; c'est en ce sens qu'il faut dire avec Pothier : *factum tutoris, factum pupilli.*

48. Mais si le mineur était lésé par cet acte du tuteur, pourrait-il lui demander des dommages-intérêts ?

La question se résout par une distinction.

Le mineur vient-il démontrer que l'acte fait par le tuteur, avec toutes les formalités exigées par la loi, lui est préjudiciable, mais n'allègue-t-il aucune fraude, aucune connivence du tuteur avec les tiers, aucune faute, le mineur, dans ce cas, ne doit pas être écouté ; c'est un malheur pour lui si l'acte dont il s'agit lui est nuisible ; mais toutes les formalités protectrices de la minorité ayant été observées par le tuteur, et aucune fraude, aucun manquement ne lui étant reproché, sa responsabilité doit être à couvert.

Au contraire, si la réclamation du mineur contre l'acte fait par son tuteur a pour base la fraude ou la faute de celui-ci ; si ce mineur prouve par exemple que son tuteur a agi de concert avec les tiers, et a ainsi trompé la bonne foi du conseil de famille, du tribunal et des avocats consultés, dans cette hypothèse, le tuteur devra être condamné à des dommages-intérêts vis-à-vis du mineur ; car il s'est rendu coupable

d'une faute dommageable dont il doit répara-
tion (art. 450-1992).

49. Lorsque le tuteur a négligé de se con-
former aux dispositions de l'art. 467 en tout
ou en partie, la transaction n'est pas nulle de
plein droit, elle n'est qu'annulable ; et encore
ne l'est-elle qu'au profit du mineur, qui peut
seul se prévaloir de l'irrégularité de l'acte ; ce
n'est en effet que dans son propre intérêt, dans
son intérêt exclusif, que les formalités sont
exigées.

50. Régulièrement l'autorisation du conseil
de famille et l'homologation du tribunal doivent être obtenues par le tuteur avant la réali-
sation de la transaction, car elles ont pour but
d'habiliter le tuteur à la consentir, à la réaliser ; cependant il nous paraîtrait difficile de
poser, comme une règle absolue, que le conseil
de famille ni le tribunal ne pourront pas ap-
prouver, par une autorisation et une homologation postérieures, une transaction déjà passée par le tuteur (1).

51. 2° *Des mineurs non émancipés en puissance
paternelle.* — Le mineur non émancipé qui a
ses père et mère est en puissance paternelle
sans être en tutelle. Le père, dans ce cas, est
administrateur légal des biens que possèdent
ses enfants mineurs. (Art. 389, Code Nap.)

---

(1) *Sic*, M. Demolombe, t. 7, n° 749.

52. La loi ne règle nulle part cette administration ; quels sont donc les pouvoirs que nous
reconnaîtrons au père administrateur, relativement aux transactions? Le pouvoir du père
sur les biens de ses enfants mineurs doit être,
comme celui du tuteur, restreint aux actes
d'administration ; il ne peut s'étendre aux actes
d'aliénation, de disposition et par conséquent
aux transactions ; c'est pourquoi, si des contestations relatives à la propriété de ces dits biens
venaient à naître, le père devrait, pour les terminer valablement par la voie de la transaction, remplir toutes les formalités que la loi
impose au tuteur par l'art. 467 (1).

53. Remarquons du reste que ce n'est que
relativement à la propriété des biens de ses
enfants mineurs que le père administrateur ne
peut transiger sans se soumettre aux exigences
de l'art. 467 ; la question, en effet, ne peut pas
se présenter relativement aux fruits de ces mêmes biens, le père en devenant propriétaire en
vertu de son usufruit légal (art. 384 Code Nap.).

§ 2. — Du mineur arrivé à sa majorité.

54. La loi, pour éviter qu'un tuteur, abusant

---

(1) *Sic*, M. Bugnet, à son cours. *Sic*, M. Valette.

de l'impatience d'un jeune homme de vingt et un ans, ne lui fît acheter au prix d'un traité ruineux la prompte possession de ses biens, a voulu que « tout traité qui pourrait intervenir entre le tuteur et le mineur devenu majeur fût nul, s'il n'a été précédé de la reddition d'un compte détaillé et de la remise des pièces justificatives, le tout constaté par un récépissé de l'oyant-compte (1), dix jours au moins avant le traité. »

55. La loi n'exige pas que le récépissé contienne l'énumération de toutes les pièces communiquées ; il suffit que ce récépissé constate que la reddition du compte détaillé et la remise des pièces justificatives ont été faites dix jours au moins avant le traité (2).

56. L'art. 472 n'exige pas non plus que le récépissé ait une date certaine, et par conséquent qu'il soit enregistré ; néanmoins il sera prudent de prendre cette précaution, afin d'éviter toute difficulté sur la sincérité de la date. Du reste, ce récépissé fait foi de sa date entre l'ex-tuteur et l'ex-mineur, d'après la règle générale que les actes sous seings privés ont la même foi que

---

(1) L'*oyant-compte*, ou tout simplement l'*oyant*, est celui qui *oït* (*audit*), qui entend, qui reçoit le compte ; en regard de cette expression, la loi emploie subsantivement aussi celle de *rendant*, pour indiquer celui qui présente le compte (C. de pr., art. 529-532).

(2) M. Valette sur Proudhon, II, p. 415.

l'acte authentique, entre ceux qui les ont sous-crits et entre leurs héritiers et ayants cause (article 1322 Code Nap.).

57. La loi défend au mineur de faire avec son tuteur tout acte, tout arrangement, toute convention, tout abandon qui aurait pour résultat d'affranchir le tuteur de l'obligation de rendre compte de sa gestion en tout ou en partie ; mais s'ensuit-il que tout traité, même étranger au compte de tutelle, soit défendu entre le mineur devenu majeur et celui qui fut son tuteur? Nous ne le pensons pas. Selon nous, le mineur devenu majeur peut contracter avec son ancien tuteur comme avec toute autre personne sur tout ce qui est étranger au compte de tutelle; le mineur après tout est majeur maintenant, il est capable (art. 483 Code Nap.). Si la loi le considère encore, vis-à-vis de son tuteur, comme incapable, ce n'est que quant aux traités relatifs *au compte de tutelle* (article 2045).(1).

58. Ces défenses faites au mineur devenu majeur par notre art. 472 ne s'appliquent point à ses héritiers, parce qu'ils ne sont pas soumis

---

(1) *Sic,* MM. Marcadé, ii, p. 268; Ducaurroy, Bonnier et Roustain, t. i, n° 675; Valette sur Proudhon, ii, p. 414; Duranton, iii, n° 638; Zachariæ, i, p. 257; *Secus,* Merlin, Quest. de droit, Voy. Tuteur.

à l'influence dont le législateur s'est préoccupé (1).

59. La nullité prononcée par l'art. 472 n'étant établie que dans l'intérêt de l'ex-mineur ne peut être invoquée que par lui ou ses représentants, et non par l'ancien tuteur (2); ajoutons qu'elle ne peut l'être que pendant dix ans à partir de la majorité (3).

Si donc, après l'expiration de ce délai, un traité intervenait entre le tuteur et le mineur devenu majeur, sans la reddition préalable d'un compte détaillé de la remise des pièces justificatives, nous croyons que l'oyant-compte ne pourrait pas en demander la nullité pour cause de violation de l'art. 472 (argument tiré de l'art. 475 de notre Code).

60. Le mineur devenu majeur ne peut transiger sur le compte de tutelle (comme nous venons de l'expliquer) avec son ancien tuteur tant que le délai fixé par l'art. 472 n'est pas expiré (art. 472); devons-nous, par analogie, dire que le mineur devenu majeur ne pourra pas (dans le cas où son père a été administrateur de ses biens) transiger avec son père sur le compte d'administration avant que celui-ci

---

(1) M. Demolombe, t. viii, n° 90.

(2) *Sic*, M. Demolombe, t. viii, n° 92. — *Secus*, M. Duranton, iii, n° 639; Zachariæ, i, p. 237.

(3) M. Demolombe, viii, n° 164.

le lui ait remis? Nous le croyons. Les motifs qui ont porté le législateur à retarder la capacité du mineur devenu majeur, vis-à-vis de son ex-tuteur (qui peut être le père ou la mère), jusqu'à ce que le compte de tutelle lui ait été rendu, sont absolument les mêmes dans le cas où le père, au lieu d'être tuteur de ses enfants, a été seulement administrateur de leurs biens. Or, là où se rencontrent les mêmes motifs, là aussi doit se trouver la même décision.

§ 3. — Du mineur émancipé.

61. Le mineur émancipé a la capacité de disposer seul à titre onéreux de ses revenus ainsi que de son mobilier (art. 481); il peut aussi avec la seule assistance de son curateur recevoir un capital mobilier; il peut même en disposer valablement, pourvu que son curateur en surveille l'emploi (art. 482).

62. La loi, en accordant au mineur émancipé le droit de disposer seul de son mobilier et de son capital mobilier avec la seule assistance de son curateur, lui a-t-elle reconnu par cela même le droit de transiger sur ces mêmes biens? C'est ce que nous ne pouvons croire en présence de la disposition suivante de l'art. 484 du Code : *Le mineur émancipé ne pourra faire aucun acte autre que ceux de pure administration sans observer les formes prescrites au mineur non*

émancipé. En face de notre texte, pour reconnaître au mineur émancipé le droit de transiger il faudrait déclarer que la transaction est *un acte d'administration*, et c'est ce que ne fera aucun auteur sérieux, la transaction étant considérée par la loi même comme un acte de disposition (art. 2045). Elle ne peut être valablement faite que par ceux qui ont la pleine et entière disposition du droit qu'elle a pour objet. Pourquoi, en effet, le tuteur qui peut disposer seul à titre onéreux du mobilier de son mineur (art. 450), ne peut-il pas transiger sur ledit mobilier sans remplir les formes voulues par l'art. 467? Il ne le peut pas, selon nous, parce qu'il nest pas capable de disposer de toute manière des biens meubles du mineur. Ce principe une fois posé : que pour transiger valablement sur des biens il faut avoir une pleine capacité d'en disposer, nous décidons que le mineur émancipé ne peut pas, sans remplir les formalités exigées du mineur non émancipé, transiger seul sur son mobilier ou sur ses revenus (1), ni sur un capital mobilier avec la seule assistance de son curateur (2). Car dans ces deux cas

---

(1) *Sic*, M. Demante, Programme, iii, p. 393; Marcadé, ii, art. 484, n° 1. — *Contra*, Demolombe, viii, n° 282; Marbeau, n° 67; Troplong, xvii, n° 45; Duranton, xviii, n° 409.

(2) *Sic*, M. Troplong, *loco cit.*, n° 46 ; Duranton, *loco cit.*, n° 407. — *Contra*, Marbeau, n° 67.

le mineur ne pourrait donner seul son mobilier ou ses revenus, ou même assisté de son curateur, un capital mobilier; il est donc incapable de transiger sur ces mêmes biens.

§ 4. — Du mineur émancipé commerçant.

63. Aux termes de l'art. 487 du Code Napoléon, le mineur émancipé qui fait un commerce est réputé majeur pour les faits relatifs à ce commerce. (Ajoutez art. 1308.) Il peut donc seul faire tous les actes de disposition que peuvent nécessiter ses affaires, sauf pourtant l'aliénation de ses immeubles, qui ne peut avoir lieu que dans les formes tracées par l'art. 457. De là, devons-nous conclure que le mineur commerçant peut valablement transiger sur tout ce qui concerne son négoce, pourvu que cette transaction ne tende pas à le dépouiller d'un immeuble? Quant à nous, qui avons pour principe que pour pouvoir transiger valablement sur des biens il faut en avoir la libre disposition, c'est-à-dire avoir la capacité d'en disposer de toutes manières, soit à titre gratuit, soit à titre onéreux, nous décidons que le mineur commerçant ne peut pas transiger même sur son mobilier, parce que, s'il a capacité pour l'aliéner, ce n'est qu'autant que l'acte qu'il fait peut être considéré comme un acte d'administration.

SECTION II.

De l'incapacité des interdits.

64. L'*interdiction*, comme ce mot l'indique, n'est autre chose que la défense faite à une personne d'exercer elle-même ses droits civils. L'interdit est donc l'individu auquel cette défense a été faite.

65. L'interdiction est *légale* ou *judiciaire.* L'*interdiction légale* est l'état d'incapacité dans lequel se trouve de plein droit l'individu condamné à la peine des travaux forcés à temps ou à la réclusion (Code pénal, art. 29). L'*interdiction judiciaire* est la privation de l'exercice des droits civils, prononcée par les tribunaux contre une personne à raison du dérangement de ses facultés intellectuelles.

§ 1er. — De l'interdiction judiciaire.

66. La transaction faite par l'interdit judiciaire est, de même que celle des mineurs, frappée de nullité; mais cette nullité, de même que celle qui atteint les actes faits par le mineur, n'est pas absolue, elle n'est que relative; ainsi elle n'appartient qu'à l'interdit, qui seul peut s'en prévaloir et qui peut la couvrir par une ratification expresse ou tacite; car cette action en nullité n'est laissée par la loi aux mains de l'interdit que pendant dix ans à partir de la mainlevée de l'interdiction ; ce délai écoulé, l'interdit est considéré aux yeux de la loi comme ayant reconnu la validité de la transaction faite pendant son état d'incapacité.

67. Une question ici se présente : Primus, au mois de janvier 1852, a été interdit, puis au mois de mai de la même année il a, avec Secundus, passé une transaction par laquelle il lui a abandonné le champ A ; au mois de janvier 1853, Primus obtient la mainlevée de son interdiction ; Secundus laisse alors, à partir de cette époque, s'écouler dix années sans demander l'exécution de la transaction ; mais une fois ce temps écoulé, il actionne Primus pour avoir à lui livrer le champ qui a été l'objet de leur contrat. Secundus devra-t-il être écouté ? en d'autres termes, les dix ans accordés par la loi pour demander la nullité des actes souscrits par des incapables étant écoulés, ces mêmes incapables peuvent-ils repousser la prétention de leurs adversaires au moyen d'une exception résultant de leur incapacité ? Nous ne le croyons pas. Chez nous, l'action et l'exception se prescrivent par dix ans à partir du moment où a cessé le vice sur lequel était fondée l'action en nullité. Il est vrai que cette décision sera quelquefois inique, comme dans l'exemple que nous avons cité. En

effet, Primus, qui, pendant son état de démence,
avait abandonné par transaction son champ,
le retrouve encore dans son patrimoine après
son retour à la raison, et ne se doute nullement de ce qu'il a fait pendant son interdiction;
puis, au bout de dix ans, le champ lui est réclamé et il est obligé de l'abandonner : cela paraît bien dur. Mais pour adoucir ce principe,
ne pourrions-nous pas appliquer aux interdits
ce que la loi du 30 juin 1838 a décidé relativement aux personnes placées dans des mai-
sons d'aliénés, et dire que la prescription de
l'action en nullité de la transaction contractée
par l'interdit ne courra contre lui qu'à partir
de la signification qui lui aura été faite de cet
acte, ou de la connaissance qu'il en aura eue
autrement depuis la mainlevée de son interdiction ?

§ 2. — De l'incapacité du condamné qui se trouve en état
d'interdiction légale.

68. « Quiconque, dit l'art. 29 du Code pénal, aura été condamné à la peine des travaux
forcés à temps ou de la réclusion, sera de plus,
pendant la durée de sa peine, en état d'interdiction légale ; il lui sera nommé un curateur
pour gérer et administrer ses biens, dans les

formes prescrites pour la nomination des tuteurs aux interdits. »

69. De cet article il résulte que le condamné est pendant toute le durée de sa peine, non-seulement privé du droit d'administrer ses biens, mais encore du droit d'en disposer, soit par vente, donation, transaction; et cela est évident, car autrement à quoi bon l'administration du tuteur? Ensuite la loi n'a pas voulu : 1° que par de scandaleuses profusions, le condamné fît d'un séjour d'humiliation un théâtre de joie et de débauches (discours de l'orateur du gouvernement); 2° qu'il pût se procurer des moyens de corruption, des moyens matériels d'évasion ; or, ce but serait manqué s'il pouvait vendre, transiger...; rien alors ne lui serait plus facile que de se procurer de l'argent, et on exciterait ainsi autour de lui toutes sortes de spéculations honteuses, qui chercheraient à profiter de sa situation. Pour ces motifs, l'interdit légalement est incapable de contracter, d'aliéner, de s'obliger, et par conséquent de *transiger* (1).

70. Quel est le caractère de la nullité des

---

(1) *Sic*, MM. Duranton, t. viii, n° 181; Boitard, Leçons de droit pénal, p. 188; Demante, Progr., t. i, p. 55; Valette sur Proudhon, t. ii, p. 554-556.

transactions consenties par l'interdit légalement? est-elle absolue ou relative ? Elle est
absolue :

1° En raison, l'interdit légalement ne peut
pas *seul* se prévaloir de son incapacité, comme
le peut l'interdit pour cause de démence
(art. 1125 du Code Nap.), car il ne peut pas,
comme celui-ci, invoquer sa faiblesse d'esprit.

2° La nullité de la transaction faite par l'interdit légal *est absolue*, car elle est fondée sur
des motifs d'ordre public ; elle peut donc être
invoquée et par l'interdit et par les tiers qui
ont traité avec lui. Il est nécessaire, en effet,
que l'interdit (quoique ayant agi contrairement
à la loi) tire encore de cet acte le droit de le
faire annuler, afin de rendre pour ainsi dire
impossibles toutes les manœuvres, toutes les
spéculations qui pourraient chercher à exploi-
ter sa situation et ses besoins pendant la durée
de sa peine.

§ 3. — De l'incapacité du prodigue.

71. Le prodigue, c'est-à-dire le dissipateur
sans frein, celui qui gaspille follement son patrimoine, peut être pourvu par les tribunaux
d'un conseil sans l'assistance duquel il ne peut
plaider, transiger..... (1).

72. La transaction faite par le prodigue est

____

(1) Art. 513, Code Nap.

seulement *annulable*. La nullité qui en résulte est *relative*, c'est-à-dire qu'elle ne peut être invoquée que par le prodigue, et ce, seulement pendant dix ans à partir de la cessation des fonctions du conseil. Cette nullité peut être couverte aussi par une ratification soit expresse, soit tacite, émanée du prodigue ; celui-ci peut même, pendant la durée des fonctions de son conseil, ratifier avec son assistance une transaction faite sans ce secours ; mais le prodigue ne pourrait être dépouillé, malgré sa volonté, par une autorisation postérieure donnée par son conseil, de l'action en nullité qui existe à son profit de la transaction qu'il a consentie seul.

SECTION III.

De l'incapacité de la femme mariée non autorisée.

73. Quel est le fondement de la nécessité de l'autorisation maritale ? D'après l'esprit de notre Code, nous croyons que cette autorisation repose :

1° Sur la nécessité de maintenir l'autorité maritale, c'est-à-dire sur le droit du mari à l'obéissance de sa femme ;

2° Sur la faiblesse et l'inexpérience naturelles de la femme, c'est-à-dire sur le droit de la femme à la protection.

74. La femme mariée est, en règle générale, incapable de contracter et de disposer (article 215, Code Nap.) ; ce n'est que dans certains cas et relativement à certains biens qu'elle est capable; mais comme sous aucun des régimes que les époux peuvent adopter elle n'acquiert jamais la capacité de disposer *d'une manière absolue* du bien sur lequel elle a pu se réserver et le droit d'administration et le droit de jouissance, elle ne peut, selon nous, dans aucun cas, transiger sur des difficultés relatives à ses biens.

75. Cependant, pour nous rendre compte de la capacité de la femme sous les divers régimes sous lesquels elle peut être mariée, nous allons rapidement passer en revue chacun de ces régimes.

76. *Régimes de communauté et sans communauté.* — Sous ces régimes, le mari a l'administration de tous les biens, biens communs, biens propres de la femme ; la femme, alors, est absolument incapable de faire aucun contrat sans autorisation, et, par conséquent, *de transiger* (art. 1401, 1428, 1530, 1549).

77. *Séparation de biens.* — La femme, sous ce régime, a l'administration de ses biens ; elle a même la capacité de disposer *seule* de son mobilier (art. 1449) ; doit-on conclure de là qu'elle peut transiger seule sur les difficultés qui y sont relatives? C'est ce que décident la plupart des auteurs (1), et c'est ce que nous ne pouvons admettre, ayant pour principe que ceux-là seuls peuvent transiger, qui ont une pleine et entière capacité pour disposer (2).

78. *Régime dotal.* — Sous ce régime, il est certain que la femme, même autorisée de son mari, ne pourrait renoncer, par une transaction, à des droits sur des biens compris dans sa dot, si ces mêmes biens n'ont pas été déclarés aliénables par le contrat de mariage; et il ne paraît même pas que la justice puisse l'autoriser à transiger sur de tels droits, car les dispositions du Code qui permettent, par exception, et avec l'autorisation du juge (art. 1558), l'aliénation des biens dotaux en certains cas, ne comprennent point celui de transaction. Cependant, comme les actes de cette nature sont dignes de faveur, et que l'intérêt de la femme, en beaucoup de cas, réclamerait une transaction plutôt que d'être exposé aux chances incertaines d'un procès, il est à croire que celle qui serait faite avec l'autorisation de la justice serait inattaquable (3).

---

(1) MM. Duranton, t. xviii, n° 409; Demolombe, t. iv, n° 159; Troplong, t. xvii, n° 51; Marbeau, Transact., n° 94.

(2) *Sic*, M. Demante, Progr., t. iii, p. 393.

(3) MM. Duranton, t. xviii, n° 407; Demolombe, t. ii, n° 115.

Au surplus, si la femme dûment autorisée de son mari ou de justice avait, au contraire, par là transaction, conservé des biens dotaux, en payant à l'autre partie quelque somme ou quelque autre chose non comprise dans sa dot, elle ne pourrait évidemment demander la nullité du traité, puisqu'elle n'aurait nullement aliéné des biens dotaux, quoique la transaction ait porté sur de tels biens.

79. La femme, sous quelque régime qu'elle soit mariée, peut se conserver, sur certains biens, le droit d'administration et de jouissance (art. 1534 et 1574) ; dans ce cas là même (d'après le principe que nous avons posé au numéro précédent) elle est incapable de terminer par une transaction les difficultés qui pourraient s'élever à l'occasion de ces biens, sur lesquels, il est vrai, elle s'est réservé le droit d'administration et de jouissance, mais dont elle ne peut cependant disposer qu'à titre d'administration.

80. La femme mariée, avons-nous dit, est incapable de transiger sans l'autorisation de son mari, mais une fois autorisée, elle devient aussi capable, ni plus ni moins que si elle n'était pas mariée. Une question ici se présente : à quel moment l'autorisation doit-elle être donnée?

L'autorisation du mari peut être donnée soit avant la transaction, soit dans l'acte même de transaction; mais peut-elle être donnée après? Nous ne le pensons pas.

Supposons qu'une femme, sans en parler à son mari, transige sur une difficulté relative à un de ses propres; qu'a-t-elle fait? un acte annulable, un acte contre lequel la loi accorde deux actions en nullité, l'une au mari, l'autre à la femme (art. 225, 1124, 1125, Code Nap.). Maintenant, que ferait le mari en validant cette transaction par une autorisation postérieure? Il ne ferait qu'enlever à la femme un droit que la loi lui a accordé et qui fait partie de son patrimoine ; or, un mari pourrait-il, malgré sa femme, aliéner un bien à elle propre (art. 1428)?

81. D'après ce que nous venons de dire, on voit que la transaction faite par la femme sans autorisation est non pas *nulle* mais seulement *annulable* ; la nullité dont cet acte est entaché est encore toute *relative* ; elle ne peut être invoquée que par le mari, la femme ou les héritiers de celle-ci. Elle ne pourrait l'être par les héritiers du mari, car une fois le mariage dissous, les héritiers du mari n'ont plus aucune espèce d'intérêt (art. 225).

La nullité de la transaction faite ainsi par la femme pourra être demandée pendant dix ans; lesquels courront, pour le mari, à partir du moment où il aura eu connaissance de l'acte, et pour la femme, à partir de la dissolution du mariage, c'est-à-dire à partir du moment où elle aura recouvré sa liberté (art. 1304).

82. Dans quelques cas l'autorisation de justice peut suppléer à l'autorisation du mari : par exemple si le mari refuse son autorisation sans fondement, si le mari est mineur, interdit ou frappé d'une condamnation emportant peine afflictive ou infamante (art. 221, 222, C. Nap.).

Il en sera de même dans le cas où le mari serait pourvu d'un conseil judiciaire ; en effet, comment assisterait-il sa femme, celui qui ne peut agir sans l'assistance d'un autre ?

SECTION IV.

De l'incapacité des communes et des établissements publics.

83. Les formalités à observer par les communes pour transiger valablement ont été tracées dans un arrêté du 22 frimaire an VII.

Art. 1er. Dans tous les procès nés et à naître qui auraient lieu entre des communes et des particuliers sur des droits de propriété, les communes ne pourront transiger qu'après une délibération du conseil municipal, prise sur la consultation de trois jurisconsultes désignés par le préfet du département, et sur l'autorisation de ce même préfet, donnée d'après l'avis du conseil de préfecture.

Art. 2. Cette transaction, pour être définitivement valable, devra être homologuée par un arrêté du gouvernement rendu dans les formes prescrites pour les règlements d'administration publique.

84. D'après l'art. 19, § 10, de la loi du 18 juillet 1837 sur l'administration municipale, le conseil municipal de chaque commune doit délibérer sur *les transactions* qui intéressent la commune. Les délibérations doivent être adressées au préfet. Toute transaction consentie par un conseil municipal ne peut être exécutée qu'après homologation par ordonnance du gouvernement, s'il s'agit d'objets immobiliers, ou d'objets mobiliers d'une valeur supérieure à 3,000 fr., et par arrêté du préfet en conseil de préfecture dans les autres cas (art. 59).

85. L'art. 15 de l'arrêté du 7 messidor an IX porte : Pourra le comité consultatif (des hospices), pour les cas qui le permettent, transiger sur tous les droits litigieux.

Les transactions recevront leur exécution provisoire, mais elles ne seront définitives et irrévocables qu'après avoir été approuvées par le gouvernement, à l'effet de quoi elles seront transmises au ministre de l'intérieur, revêtues de l'avis des préfets et sous-préfets. »

86. Enfin, depuis le *décret du* 30 *mars* 1852, *sur la décentralisation administrative*, les communes et les hospices peuvent transiger valablement après avoir obtenu l'autorisation du préfet, qui

peut désormais, d'après l'art. 1er de ce décret, statuer sur toutes les affaires départementales ou communales, qui, jusqu'à cette époque, exigeaient la décision du chef de l'État ou du ministre de l'intérieur, et, entre autres, sur les transactions qui concernent les droits des départements (art. 6 du tableau A annexé au décret).

SECTION V.

Du failli.

87. Le failli, c'est-à-dire le commerçant qui a cessé ses payements, est, à partir du jugement qui l'a déclaré en état de faillite, dessaisi de l'administration de ses biens, mais il n'est pas pour cela dans un état d'interdiction; ainsi il peut transiger valablement; seulement la transaction qu'il aura faite ne sera pas opposable aux créanciers qu'il avait au moment de sa faillite, et elle n'aura d'effet sur les biens qu'il possédait à cette même époque qu'autant que ces créanciers seront complétement désintéressés.

88. Pour qu'une transaction faite sur les biens d'un failli puisse être opposée aux créanciers de la faillite, il faut qu'elle soit faite par les syndics, qui peuvent agir et pour le failli et pour la masse des créanciers; notons toutefois une différence, dans la capacité des syndics quant à la transaction, entre le cas où l'on se trouve dans la période qui précède le *concordat* et celui où les créanciers se trouvent en *état d'union*.

1° Dans la période qui précède le concordat, le pouvoir de transiger, même sur les droits immobiliers, appartient aux syndics; mais le failli ne pouvant pas être dépouillé de la propriété de ses immeubles, lorsqu'on ne sait pas encore s'il sera remis ou non, par un concordat, à la tête de ses affaires, son opposition suffira pour empêcher la transaction, lorsqu'elle sera relative à des droits immobiliers. Dans tous les cas, lorsque l'objet de la transaction sera d'une valeur indéterminée ou excédera 300 fr., il faudra l'homologation de la justice (art. 487, Code de com.).

2° S'il n'intervient pas de concordat, c'est-à-dire si les offres faites par le failli ne sont pas acceptées par ses créanciers, ceux-ci sont de plein droit en *état d'union*. Les syndics peuvent alors (ce qu'ils ne pouvaient pas dans l'époque antérieure) transiger sur toutes espèces de droits mobiliers ou immobiliers appartenant au failli, nonobstant toute opposition de sa part (art. 535, Code de comm.).

SECTION VI.

De l'incapacité de transiger entre époux.

89. Les transactions ont pour but le rétablissement ou le maintien de la concorde et de la paix dans les familles : il semblerait donc

qu'elles devraient être admises et favorisées même entre époux, comme le moyen le plus avantageux de conserver ou de rétablir l'harmonie si désirable dans la société conjugale.

Cependant les mêmes motifs qui ont déterminé le législateur à prohiber la vente entre mari et femme (art. 1595, Code Nap.) militent contre la transaction, qui d'ailleurs est aussi une espèce d'aliénation.

90. Ce contrat ne doit être autorisé entre époux que dans les cas exceptionnels prévus par l'art. 1595 ; toutefois celui qui serait fait en dehors de ces cas ne serait pas pour cela frappé d'une nullité absolue, mais seulement d'une nullité relative, c'est-à-dire d'une nullité qui ne peut être invoquée que par certaines personnes et pendant un certain temps fixé par la loi. Ainsi, dans notre espèce, les époux *seuls* pourraient demander la nullité de la transaction qu'ils auraient faite en violation de l'article 1595, et ils ne le pourraient encore que pendant dix ans, à partir de la dissolution de leur mariage, la prescription ne courant pas entre époux (art. 2253).

CHAPITRE IV.

DES CHOSES QUI PEUVENT ÊTRE L'OBJET D'UNE TRANSACTION.

91. On peut, en général, transiger sur toutes espèces de droits, quelles qu'en soient l'origine et la nature, et lors même qu'ils ne seraient qu'éventuels ou subordonnés à une condition. Mais tout ce qui blesse ou compromet la religion, l'ordre public, les bonnes mœurs, ne peut faire la matière d'une transaction : *Privatorum pactionibus, juri publico derogari non potest* (art. 6, Code Nap.).

92. Un délit (et, sous cette expression de délit, nous comprenons toute espèce d'infraction aux lois pénales) peut faire naître deux actions, l'une au profit des particuliers qui en ont souffert, l'autre au profit de la société dont on a méconnu les ordres ; l'une sera exercée par l'individu lésé, l'autre par le ministère public, mandataire de la société ; la première, constituant un intérêt privé, peut être l'objet d'une transaction ; la seconde, au contraire, constituant un intérêt public, ne peut pas être éteinte par cette voie (arg. de l'art. 6).

93. Dans le droit romain, où l'on n'avait aucune idée d'un accusateur public, où la poursuite des crimes était laissée à la vengeance particulière, et leur découverte abandonnée aux délateurs, on pouvait transiger *sur les crimes eux-mêmes ;*

on distinguait seulement entre les crimes *publics* et les crimes *privés*.

Quant aux crimes publics, la peine capitale était-elle encourue, on pouvait transiger, car, disait-on, on ne peut retirer à personne le droit de sauver sa vie. On ne pouvait pourtant transiger sur l'*adultère* (L. 18, Code, *de transact.*; loi dernière, *de prævaricationibus*). Si le crime n'entraînait pas la peine capitale, les lois romaines permettaient encore de transiger. Mais si l'on transigeait, on était censé avouer, et il n'en fallait pas davantage pour être condamné à la peine infligée par la loi (Loi 18, Code, *de transact.*).

On pouvait transiger aussi *quant aux délits privés*, c'est-à-dire qui ne consistaient qu'en un vol, une injure, un dommage causé par dol, faute ou impéritie ; mais alors même, si le délit était de nature à produire une condamnation infamante, la transaction imprimait le sceau de l'infamie sur le coupable, parce qu'elle emportait de sa part un *aveu* qui équivalait à une condamnation (L. 54, § 1er; L. 56, § 4, Dig., *de furtis*; L. 4, § dernier; L. 6, § 3, Dig., *de his qui notantur infamia*).

94. Devons-nous, d'après nos lois nouvelles, décider que la transaction faite par un individu accusé d'un crime ou d'un délit soit une preuve de sa culpabilité, et que cette transaction dût influer sur sa condamnation ? Non : en effet, com-

bien de personnes, qui, accusées injustement, ne feraient pas cent fois des sacrifices pour se soustraire aux désagréments d'une procédure environnée de scandale et souvent humiliante ou fâcheuse même par un innocent ? On ne peut donc, en raison, d'une *manière absolue et générale* tirer d'une transaction sur un délit la preuve de la culpabilité d'une personne. Nous disons, d'une *manière absolue et générale*, car, il y a des cas où la transaction serait difficile à expliquer si elle n'avait pas pour cause la culpabilité du prévenu (voy. L. 4, § 5, D., *de his qui notantur infamia*). Du reste, tout dépend des circonstances; au jury ou aux tribunaux appartient seul le droit de les apprécier.

95. Ainsi, à la différence des lois romaines, on ne peut transiger que sur l'intérêt civil résultant d'un délit, mais non sur le crime lui-même; encore faut-il que le crime soit déjà commis, car une transaction sur les dommages d'un délit à venir serait nulle et ne produirait aucun effet; elle serait en effet contraire à l'ordre public, puisqu'elle inviterait au crime. De là, nous devons décider que l'on ne pourrait pas par transaction valider un contrat usuraire; mais pourrait-on transiger sur une action en restitution d'intérêts usuraires ? Oui, quant aux usures reçues. Mais pouvez-vous promettre par transaction de ne répéter qu'une partie des intérêts usuraires que vous pourrez payer ?

Non, car ce serait en quelque sorte traiter sur le contrat d'usure et le favoriser, ce qui est illicite, puisque l'usure est défendue par nos lois (loi du 3 septembre 1807).

96. On ne peut transiger sur des droits qui ne sont pas susceptibles de former entre les parties l'objet d'une convention quelconque ; ainsi, nul ne peut transiger sur des droits éventuels à une succession non encore ouverte (article 1130). Ainsi des époux ne peuvent, pendant la durée du mariage, transiger sur leurs conventions matrimoniales ou sur la faculté appartenant à la femme de demander la séparation de biens (art. 1395-1443-1563).

97. On ne peut, de même, transiger sur des droits qui ne sont pas dans le commerce. Ainsi on ne peut transiger sur des contestations relatives, soit à l'état d'une personne, soit aux droits de la puissance paternelle ou de l'autorité maritale, ni sur une demande en séparation de corps. Mais rien n'empêche de transiger sur des intérêts purement pécuniaires subordonnés à l'état d'une personne, encore que cet état soit contesté entres les parties.

98. Une question fort débattue est celle des *transactions sur aliments.*

Peut-on transiger sur des aliments?

Le siége de cette question se trouve dans les **L.** 8 au Dig., *de transact.*, et 8 au Code, *de transactionibus.*

La loi 8 au Dig. fait une distinction entre les aliments dus en vertu d'un contrat ordinaire, et les aliments dus en vertu d'un testament, d'un legs ou d'une donation à cause de mort : dans le premier cas, les donations sont permises *sine prætoris auctore*; dans le second, au contraire, les transactions ne sont possibles qu'autant que le préteur les autorise en connaissance de cause (*causa cognita*), parce que, comme le dit cette loi, l'expérience a démontré que les personnes à qui des aliments sont donnés ou légués (et qui ne sont malheureusement que trop souvent des prodigues), seraient facilement disposés à en faire l'abandon pour la plus modique somme qui leur serait payée comptant, et l'attente du donateur ou testateur se trouverait ainsi déçue.

99. Que décider sur cette question en présence du silence de notre loi actuelle?

1° S'agit-il d'aliments dus *ex jure sanguinis*, la transaction qui aurait pour effet de décharger le débiteur de l'obligation de les payer pour l'avenir, moyennant une somme une fois donnée, serait, selon nous, nulle et de nul effet, comme contraire à l'organisation même de la famille. En effet, que fait la loi en ordonnant par exemple aux père et mère de nourrir leurs enfants qui se trouvent dans le besoin, sinon sanctionner une obligation naturelle, proclamer un devoir du cœur ? Or, peut-on, par des conventions privées, méconnaître les prescriptions de la loi, qui sont si essentiellement celles de la nature ? Personne n'oserait le dire ! Donc la transaction par laquelle le fils reconnaîtrait tenir son père libéré de l'obligation de lui fournir des aliments, devrait être annulée.

Pourtant M. Troplong considère comme trop rigoureux le principe des auteurs qui annulent toute transaction faite sur des aliments à venir, sans distinguer si l'alimentaire est ou n'est pas dans le besoin ; cet auteur dit que tant que l'alimentaire se trouvera dans une position supérieure au besoin, la transaction par laquelle celui-ci aura, moyennant une somme d'argent, renoncé à son droit, devra être observée ; mais dès que le besoin se fera sentir, la nature devra parler et la transaction se taire. Malgré toute notre bonne volonté à comprendre ce passage, nous ne le pouvons pas.

Quelle peut être l'hypothèse que notre savant magistrat peut avoir en vue, sinon celle-ci : un fils qui, actuellement dans la prospérité, va trouver son père et lui dit : « Peut être dans quelques années serai-je dans le malheur ; dans ce cas, vous serez tenu de par la loi à me faire une pension alimentaire ; eh bien, si vous voulez me donner 10,000 fr., je vous déchargerai de cette obligation future. » Le père y consent,

et le fils, par la suite, tombe dans la misère ; il a
alors, sans avoir aucun égard à la transaction,
le droit de réclamer de son père des aliments.
Cette décision finale est de toute évidence, et
nous ne pouvons comprendre comment elle a
pu faire doute, un seul instant, dans l'esprit
d'un auteur tel que M. Troplong.

Nous comprenons fort bien, au contraire, la
transaction sur les arrérages échus, dans le cas
où l'alimentaire a pu vivre sans ces mêmes
arrérages (1).

2° S'agit-il d'aliments dus par contrat, par
donation, par testament ; comme ils sont ces-
sibles (2), ils peuvent être l'objet d'une transaction, car ils constituent une créance comme une
autre, dont le créancier a la libre disposition.

C'est en vain, selon nous, qu'on invoquerait
contre cette proposition l'art. 581 du Code de
procédure.

Cet article déclare, il est vrai, les pensions
alimentaires insaisissables, mais il ne les déclare nullement par cela même inaliénables ;
or, nous savons que d'après l'art. 537 du Code
Napoléon, chacun peut disposer de ce qui lui
appartient, à moins qu'une loi ne s'y oppose,
et il n'existe aucun texte, du moins à notre

---

(1) L. 8 du C. de transact.
(2) Arrêt de cassation du 31 mai 1826.

connaissance, qui prononce l'inaliénabilité des choses insaisissables.

M. Duranton, sur cette question, après avoir rappelé la décision de la loi 8, au Code, *de transact.*, qui défend toute transaction sur legs d'aliments sans l'autorisation du préteur, ajoute qu'il croit que cette disposition de la loi romaine doit être appliquée dans notre droit. En présence du silence de la loi, accorder aux juges le droit d'autoriser ou de défendre la transaction sur legs d'aliments, ne serait-ce pas faire la loi et non la commenter? Aussi reconnaissons-nous aux parties le droit de transiger sur legs d'aliments sans avoir à consulter les juges; cette nécessité n'ayant pas été reproduite, elle est par cela même abrogée.

100. Du reste, nous croyons qu'il faudrait considérer comme très valable la transaction intervenue sur des aliments dus *ex jure sanguinis*, ou sur des aliments dus en vertu d'un contrat ordinaire, si elle n'avait pour but que de changer le mode de prestation des arrérages, sans diminuer en aucune façon le montant de la pension (1).

101. Un donateur pourrait-il, par un acte confirmatif, sous la forme de transaction, valider une donation nulle en la forme?

---

(1) *Sic*, M. Zach., iii, p. 143 ; M. Duranton, xviii, n° 403.

Si la nullité invoquée contre la donation repose sur un fait caché et contestable, comme, par exemple, sur la qualité de Français contestée à un des témoins, la transaction qui a pour but d'éviter un procès sur la question de savoir si véritablement le témoin est ou non Français, doit être déclarée valable, car elle ne porte pas, à vraiment parler, sur la donation, mais sur un vice dont on prétend qu'elle est entachée, vice qui, du reste, n'apparaît pas à la première vue.

Si, au contraire, la nullité invoquée était basée sur un vice évident, par exemple sur ce que la donation a été faite par acte sous seing privé, ou sur ce que, quoique passé par-devant notaire, elle n'a été reçue que par un notaire avec un seul témoin, dans ces cas notre réponse est bien simple : Nulle en la forme, la donation doit être refaite en la forme légale ; le donateur ne pourrait pas, dans ces cas, par un acte confirmatif sous forme de transaction, valider ce contrat qui n'a de la vie que l'apparence. L'art. 1339 est, du reste, tellement formel à cet égard, que c'est une espèce de puérilité que de le répéter.

102. Un grevé de substitution peut-il transiger sur des difficultés relatives aux biens compris dans le fidéicomis, et, s'il le peut, la

transaction qu'il aura faite sera-t-elle opposable aux appelés?

« Dans notre ancien droit français, dit Cochin, le grevé de substitution est seul propriétaire des biens chargés de fidéicommis ; tous les droits de la propriété ne résident que dans sa personne, et tous les droits de ceux qui sont appelés après lui ne consistent que dans une simple espérance très-fragile ; ce qui est si vrai, que, s'ils viennent à mourir avant le grevé, leur droit ne passe pas à leurs héritiers... lui seul peut exercer toutes les actions ; c'est contre lui seul qu'elles peuvent être exercées ; ce qui est jugé avec le grevé est aussi jugé avec les subsstitués... le grevé peut *transiger*, compromettre sur un procès sérieux et difficile, parce que c'est un parti que la sagesse inspire, et que les lois elles-mêmes autorisent pour terminer des contestations qui ruineraient les familles en frais et dont l'événement est incertain (1). »

Ricard admettait ce même principe : que le grevé peut bien lier les appelés par une transaction, car le grevé est selon lui, comme selon Cochin, propriétaire des biens substitués.

Fusarius (2), au contraire, tenait pour certain que le grevé, n'étant pas propriétaire, ne

---

(1) Cochin, t. iv, p. 306.
(2) De substit., ix, 562.

pouvait pas faire une transaction opposable aux appelés.

Les opinions étaient donc divisées sur cette question, quand parut l'ordonnance de 1747, venant bien *reconnaître la propriété* du grevé, mais venant aussi limiter les droits de celui-ci d'une manière importante.

L'art. 53 de cette ordonnance portait : « Les actes contenant des désistements, *transactions* ou conventions, qui seront passés à l'avenir entre celui qui sera chargé de substitution ou qui l'aura recueillie, ou d'autres parties, soit sur la liquidation des biens substitués et des distractions, soit par rapport aux droits de propriété, d'hypothèques ou autres qui seraient prétendus sur lesdits biens, ne pourront avoir aucun effet contre les substitués, et il ne pourra être rendu aucuns jugements en conséquence desdits actes, qu'*après qu'ils auront été homologués* en nos cours de parlements ou conseils supérieurs, sur les conclusions de nos procureurs généraux, ce qui sera observé *à peine de nullité*. »

L'article suivant ajoutait : que les arrêts qui auraient homologué lesdits actes seraient exécutés contre les substitués, lesquels ne pourraient se pourvoir contre lesdits arrêts que par la voie de la requête civile. »

103. Notre Code ne contient aucune disposi-

tion relative à cette question ; que devons-nous faire ? Devons-nous dire d'une manière absolue : 1° Pour transiger, il faut être capable de disposer des objets compris dans la transaction ; or, le grevé n'étant propriétaire que sous condition résolutoire, ne peut faire par transaction qu'un abandon soumis à la même condition résolutoire (art. 2125 et 2182), et si cette condition vient à se réaliser, c'est-à-dire si les appelés survivent au grevé, la transaction ne durera qu'autant que ceux-ci y consentiront. Mais, qui voudrait transiger avec un grevé en présence d'une pareille incertitude ! Décider ainsi, n'est-ce pas enlever au grevé le droit de transiger ? C'est, du reste, ce que fait M. Troplong (1).

Devons-nous au contraire dire avec M. Duranton (2) que le grevé ne peut certainement pas transiger *seul* sur la propriété des biens frappés de substitution, mais qu'il peut transiger valablement et de manière à lier les *appelés*, s'il a eu le soin de faire homologuer sa transaction par le tribunal, sur les conclusions du ministère public ? Nous sommes assez porté à adopter cette dernière opinion. Seulement nous pensons que le tribunal pourrait n'accorder son

---

(1) T. xvii, n° 101.
(2) Tome ix, n° 592.

homologation qu'autant que le grevé aurait
pris l'avis de trois jurisconsultes désignés par
le procureur impérial ; le grevé devrait aussi,
pour mettre les appelés en cause , faire inter-
vernir à la transaction le tuteur à la substitution ; ces formalités remplies, le contrat consenti par le grevé, sera, selon nous, opposable
aux appelés, comme le serait , vis-à-vis du
mineur, la transaction faite par le tuteur
avec l'accomplissement des formes voulues ;
les biens des appelés ne méritent pas , en
effet, plus de protection que ceux des mineurs.

CHAPITRE V.

DE L'EFFET DES TRANSACTIONS.

104. Le principal effet d'une transaction est
qu'elle termine ou prévient le différend qu'elle
a eu pour objet ; elle tient lieu d'un jugement
en dernier ressort, d'autant plus ferme qu'il
est l'œuvre des parties, et que l'engagement
qui délivre d'un procès est tout favorable : *Non
minorem auctoritatem transactionum, quam rerum judicatarum esse recta ratione placuit* (L. 20,
C., *de transact.*).

105. On peut ajouter à une transaction des
conditions de toute espèce, de même qu'aux

autres contrats en général, pourvu qu'elles ne soient contraires ni aux bonnes mœurs, ni à l'ordre public, ni à la loi (art. 1172).

On peut y stipuler aussi un terme. Enfin, *on peut ajouter à une transaction la stipulation d'une peine contre celui qui manquera de l'exécuter* (art. 2047) ; c'est ce qu'on appelle *clause pénale.*

Quant aux termes et aux conditions qui peuvent intervenir dans notre contrat, nous n'en parlerons pas, parce que les règles indiquées pour les contrats en général sont applicables ici ; nous ne nous occuperons donc que de la *clause pénale,* sur l'effet de laquelle il y a question et division entre les auteurs.

106. La clause pénale a pour effet ordinaire et général de fixer par avance les dommages-intérêts que le débiteur devra au créancier en cas d'inexécution ; dans ce cas, le créancier a donc droit au montant de la peine, sans avoir à prouver aucune perte, aucun préjudice : mais aussi il ne peut exiger et l'exécution de l'obligation principale, et le montant de la peine, à moins que cette dernière clause n'ait été stipulée pour le simple retard (article 1229).

107. La clause pénale attachée à une transaction a-t-elle un autre effet ? en d'autres termes, pourrait-on, en vertu de cette clause, réclamer contre celle des parties qui refuserait

d'exécuter la transaction, *et la peine* et l'exécution de ce contrat?

Voilà la question que nous allons tâcher de résoudre.

Nous trouvons au Digeste, sur cette matière, deux textes assez peu concordants, savoir : la loi 10, *de pactis*, § 1er ; la loi 122, § 6, *de verb. oblig.* Nous croyons ne pouvoir mieux faire que de rapporter ici ce qu'ont écrit sur ces lois et Pothier et M. Delvincourt.

« De même, dit Pothier, que la clause pénale
« n'ôte point à celui qui a stipulé la peine l'ac-
« tion qui naît de l'engagement principal, de
« même elle ne lui ôte pas non plus les excep-
« tions et fins de non-recevoir qui en pourraient
« résulter.

« Par exemple, si je suis convenu avec un
« mineur devenu majeur qu'il ne reviendrait
« point contre la vente d'un héritage qu'il m'a
« faite en minorité, et que j'aie stipulé de lui,
« par forme de peine, une certaine somme au
« cas qu'il contrevînt à la convention ; s'il vient
« par la suite à m'assigner en entérinement de
« lettres de rescision contre cette aliénation, la
« clause pénale insérée dans notre traité n'em-
« pêchera pas que je ne puisse opposer contre
« sa demande la fin de non-recevoir qui résulte
« de l'engagement principal qu'il a contracté
« dans notre traité, de ne point revenir contre
« cette aliénation.

« Mais comme celui qui a stipulé la peine
« ne peut pas percevoir et la peine et ce qui est
« renfermé dans l'engagement principal, si j'use
« de la fin de non-recevoir et que je fasse dé-
« clarer sa demande non recevable, je ne
« pourrai plus exiger de lui la peine que j'ai
« stipulée ; et *vice versa*, si j'ai exigé de lui la
« peine, je ne pourrai pas user de la fin de non-
« recevoir. C'est ce qui résulte de la loi 10, Dig.,
« *de pactis*.

« La décision de cette loi n'a rien de con-
« traire à celle de la loi 122, § 6, Dig., *de verb.*
« *oblig*.

« Lorsque j'ai eu convention, sous une cer-
« taine peine, avec vous devenu majeur, « que
« vous ne reviendriez pas contre la vente d'un
« héritage que vous m'aviez faite en minori-
« té, » l'objet de cette convention est de me
« procurer la libération d'une action rescisoire
« que vous aviez effectivement contre moi :
« c'est pourquoi, lorsqu'en vous opposant la
« fin de non-recevoir qui résulte de cette con-
« vention, et en vous faisant, en conséquence,
« déclarer non recevable dans votre action,
« je me suis procuré la libération de cette ac-
« tion, je ne puis plus vous demander la peine ;
« autrement j'aurais tout à la fois et la chose
« et la peine, ce qui ne peut pas être.

« Telle est l'espèce de la loi 10, *de pactis;*

« celle de la loi 122, qui nous est opposée, est
« très différente.

« Après un partage qui est par lui-même va-
« lable et dans la crainte d'essuyer un procès,
« quoique mal fondé, nous sommes convenus,
« sous une certaine peine, de ne pas revenir
« contre.

« L'objet de cette convention n'est pas, comme
« dans l'espèce précédente, de me procurer la
« libération de quelque action rescisoire que
« vous eussiez contre ce partage, puisque vous
« n'en aviez aucune; le seul objet de cette con-
« vention est de ne pas essuyer un procès; c'est
« pourquoi, si vous m'en avez fait un, quoique
« j'aie obtenu le congé de votre demande, il y
« aura lieu à la peine, car la seule chose qui
« faisait l'objet de notre convention étant de ne
« pas essuyer un procès, quoique mal fondé,
« m'en ayant fait essuyer un, il est vrai de
« dire que vous m'avez privé de ce qui faisait
« l'objet de notre convention, d'où il suit qu'il
« y a lieu à la peine (1). »

Voici (dit M. Bugnet, sur ce passage de Pothier) comment M. Delvincourt raisonne pour
concilier les deux lois dont s'occupe ici Pothier :
« Ou la clause pénale a eu pour motif d'in-
« demniser le créancier du dommage que pour-

____

(1) Pothier, Traité des obligations, n° 343.

« rait lui causer la rescision de l'acte, ou seule-
« ment de lui éviter un procès.

« Dans le premier cas, si le créancier a op-
« posé l'exception de pacte, de ratification ré-
« sultant de la clause pénale, il ne pourra plus
« demander l'exécution de cette même clause,
« car, puisque nous supposons que la stipula-
« tion pénale avait pour principal motif d'em-
« pêcher l'annulation de l'acte, la non-annu-
« lation est donc, dans ce cas, le principal. Or,
« lorsqu'en opposant le second pacte, le
« créancier a obtenu que le premier contrat
« ne serait pas annulé, il a le principal, il ne
« peut donc exiger la peine. C'est le cas de la
« loi 10, *de pactis*.

« Mais lorsque la clause pénale a eu pour
« motif d'éviter un procès, dès que le procès
« a eu lieu, le créancier n'a pas obtenu le
« principal, il peut donc exiger la peine. Mais
« comment reconnaîtra-t-on quel a été le but
« des parties quand elles ont consenti la clause
« pénale? L'on se décidera principalement
« par la nature de l'acte pour le maintien du-
« quel la clause pénale a été ajoutée. Si, par
« exemple, cet acte est une transaction, comme
« la transaction suppose dans les parties le dé-
« sir d'éviter les procès, désir qui les a portées
« à faire des sacrifices mutuels pour y parvenir,
« on présumera facilement que la clause pé-

« nale a eu pour motif d'empêcher même toute
« contestation. C'est l'espèce de la loi 122,
« § 6, *de verb. oblig* (1). »

D'après ces deux lois, notre question n'est pas
encore décidée. Pourtant, d'après ce que vient
de nous dire M. Delvincourt, nous sommes assez
tenté de nous ranger du côté de ceux qui
pensent que la clause pénale ajoutée à une
transaction est stipulée, non pas comme une
compensation des dommages-intérêts qui pourraient résulter de l'inexécution de ce contrat,
mais comme une indemnité des embarras, des
frais, des inquiétudes que cause à l'autre partie
la nécessité de soutenir un procès qu'elle aurait
voulu prévenir; et de là nous décidons que la
peine pourrait être exigée ainsi que le montant
de la transaction; toutefois, nous admettons
encore la distinction suivante de M. Delvincourt:
« Si tout est fini par la transaction, de manière
qu'il n'y ait rien à faire, rien à exécuter par
aucune des parties, et que cependant il y ait
une peine de stipulée, l'on présumera que les
parties ont voulu prévenir tout procès, et que
dès qu'il en a existé un, la peine est encourue,
quand même le demandeur serait débouté. Mais
si la transaction portait aussi obligation de la
part des parties, ou de l'une d'elles, de donner

---

(1) M. Delvincourt, t. ii, note de la page 151.

ou de faire quelque chose, l'on présumera que la peine n'a été stipulée que pour le cas où les choses promises ne seraient pas exécutées ; et, en conséquence, si la partie qui a intérêt que l'obligation soit exécutée en poursuit et en obtient l'exécution, elle ne pourra exiger la peine. »

108. M. Duranton se range pleinement à l'opinion de M. Delvincourt, et il croit que la question de savoir si la peine peut être demandée en même temps que l'exécution de la transaction, est une question toute d'intention des parties. De là il dit : « Si la peine stipulée était peu considérable en comparaison de la valeur des droits réclamés et que la transaction assure à la partie qui l'exécute, cette peine devrait être considérée comme convenue principalement pour le préjudice que lui ferait éprouver le défaut d'exécution volontaire de l'acte, et, en conséquence, la contravention ferait encourir la peine, quoique cette contravention n'eût eu aucun résultat, la transaction devant aussi être exécutée.

« Mais si la peine n'était pas visiblement d'une valeur inférieure à ce que l'une des parties devait encore faire pour l'autre en exécution de la transaction, alors cette dernière partie n'aurait que le choix ou de la peine en cas d'inexé-

cution, ou de conclure à l'exécution de la transaction dans toute sa teneur (1). »

109. MM. Toullier (2), Marbeau (3) et Troplong (4) ne font aucune des distinctions que
nous avons admises; ils disent que, quand une
peine a été stipulée dans une transaction, en cas
d'inexécution celui qui contrevient à la transaction doit payer la peine, quand bien même
il serait débouté de sa demande, car la condition
de l'obligation pénale n'est pas, d'après ces auteurs, *si vous faites rescinder l'acte*, mais seulement *si vous revenez contre, si vous l'attaquez*,
quelle que soit, du reste, l'issue de l'attaque.
Ils reconnaissent pourtant que, si, après avoir
payé la peine, vous obtenez l'annulation de
la transaction, vous pourrez répéter par une
condictio indebiti ou *sine causa* ce que vous
aurez donné.

110. Pour nous résumer sur cette question,
nous dirons que la clause pénale dans une
transaction n'est pas en principe exceptionnelle du droit commun, c'est-à-dire qu'elle ne
peut pas être toujours réclamée cumulativement
avec l'exécution du contrat principal (art. 1229);
qu'il est vrai que le contrat qui nous occupe,

---

(1) Tome xi.
(2) Tome xi, n° 829.
(3) Traité des transact., n° 180.
(4) Tome xvii, n°ˢ 105 et 106.

ayant pour but suprême la fuite des procès, on présumera facilement que la clause pénale y a été ajoutée comme le moyen d'éviter plus sûrement un procès ; mais comme tout dépend, selon nous, de l'intention des parties, on devra, pour s'en rendre compte, comparer le montant de la peine avec la valeur des choses que les parties devraient donner ou faire ; on devra aussi examiner avec soin la teneur de l'acte, et voir, comme le dit **M.** Delvincourt, s'il a pour résultat de terminer *hic et nunc* tous rapports et toutes obligations entre les parties, ou si au contraire il en fait naître et s'il en est la source.

111. La transaction, quant aux objets auxquels elle peut s'appliquer, doit être interprétée restrictivement. *Toute transaction , nous dit l'art. 2048, se renferme dans son objet ; la renonciation qui y est faite à tous droits, actions et prétentions, ne s'étend que de ce qui est relatif au différend qui y a donné lieu. Elle ne règle que les différends qui s'y trouvent compris, soit que les parties aient manifesté leur intention par des expressions spéciales ou générales, soit que l'on reconnaisse cette intention par une suite nécessaire de ce qui est exprimé dans l'acte.* C'est ce principe qu'énonce ce passage d'Ulpien : *Transactio quæcumque fit, de his tantum de quibus convenientes placuit, interposita creditur* (1).

---

(1) **L. 9, § 1, D.,** *de transact.*

112. Non-seulement les transactions ne rè-glent que les objets qui y sont compris et ne s'étendent pas à d'autres objets, mais encore elles ne règlent, relativement à celle sur laquelle on a transigé, que les difficultés prévues par les parties, et non celles dont on n'a pas parlé. C'est ce que décide la loi 9, Dig., § 3, *de transact.*

On suppose dans cette loi qu'un fils héritier de son père, incertain de savoir s'il pourrait intenter victorieusement contre le testament de celui-ci la plainte d'inofficiosité, transige sur les autres vices du testament; puis on y décide que cette transaction n'enlèvera pas au fils le droit d'intenter plus tard la plainte d'inofficiosité, et la raison qu'on en donne est que ce droit n'a pas été l'objet de la transaction.

113. De ce principe il résulte que, si celui qui a transigé sur un droit qu'il avait de son chef, acquiert ensuite un droit semblable du chef d'un autre, il n'est pas, quant au droit nouvellement acquis, lié par la transaction antérieure (art. 2050). Ainsi, par exemple : j'avais, en qualité d'héritier de mon père, conjointement avec mon frère, un droit de passage dans votre champ ; des difficultés s'élèvent entre vous et moi à l'occasion de ce droit, et j'y renonce par transaction. Si mon frère vient par la suite à mourir, et me laisse ainsi le droit de passage

qu'il avait sur votre champ, vous ne pourrez pas vous prévaloir de la transaction faite entre vous et moi pour me priver du droit qui me sera nouvellement acquis.

114. La transaction n'a d'effet, comme tout autre contrat, qu'entre les parties contractantes, leurs héritiers et ayants cause; elle ne peut nuire ni profiter aux tiers (art. 1165) (1).

C'est ce principe que répète l'art. 2051; *la transaction faite par l'un des intéressés ne lie pas les autres intéressés et ne peut être opposée par eux.* De là, si je transige avec l'un des héritiers de mon débiteur, en lui faisant une remise sur sa part dans la dette, ses cohéritiers ne pourront prétendre à la même remise, en invoquant la transaction; car j'ai pu avoir des motifs particuliers pour transiger avec l'un, motifs qui n'existent pas, peut-être, à l'égard des autres; et je ne peux pas, de mon côté, argumenter de la transaction contre eux, pour prétendre que mon droit existe très réellement, qu'il a été par là reconnu; le droit de le contester, au contraire, est encore entier à leur égard.

115. La transaction faite avec l'un des débi-

---

(1) Si ce n'est dans les cas de l'art. 1121; ainsi je puis, dans une transaction, stipuler au profit d'un tiers, lorsque telle est la condition d'une stipulation que je fais pour moi-même.

teurs solidaires profite-t-elle aux autres ? peut-elle leur être opposée ?

La transaction faite par l'un des débiteurs solidaires profite à ses codébiteurs, mais elle ne peut leur être opposée, parce que chacun des débiteurs a bien capacité pour améliorer la position de ses cointéressés, mais non pour l'aggraver (1).

M. Duranton pense que la question de savoir si la transaction faite par l'un des codébiteurs profite aux autres, doit être résolue par une distinction : « Si la transaction a eu lieu sur le fait de la solidarité de ce débiteur, ou sur quelque autre moyen purement personnel à ce dernier, par exemple sur ce qu'il était mineur quand il s'est obligé, ses codébiteurs ne peuvent se prévaloir de la transaction, ni par conséquent de la remise qui lui a été faite, quand bien même le créancier n'aurait pas eu le soin de se réserver tous ses droits contre eux ; car, dans ce cas, la transaction est clairement faite *intuitu personæ*, et la remise qui y est faite a tous les caractères d'une remise purement personnelle. Mais comme le créancier a par là déchargé le débiteur avec lequel il a transigé, il ne peut plus demander aux autres le paiement de la dette, que déduction faite de la part de ce

---

(1) *Sic*, M. Zachariæ, III, p. 144, et la note 2.

débiteur, et même déduction faite ausssi de la part qu'il aurait eu à supporter dans la perte résultant de l'insolvabilité de tel ou tel des autres codébiteurs solidaires, par application des articles 1210 et 1215.

Si la transaction n'est pas intervenue sur un moyen purement personnel au débiteur, et que le créancier se soit réservé ses droits contre les autres codébiteurs, la transaction ne peut leur profiter, si ce n'est dans la limite de la décharge faite au débiteur avec lequel la transaction a eu lieu, et de la perte résultant de l'insolvabilité de tel ou tel des codébiteurs (art. 1285-1215).

Au contraire, la transaction faite avec l'un des codébiteurs profitera aux autres, si le créancier l'a faite purement et simplement, sans aucune réserve de ses droits contre les autres; cette transaction, en effet, n'est qu'une remise; or, toute remise conventionnelle faite à l'un des codébiteurs profite aux autres (art. 1285); la transaction, doit par conséquent, profiter aux autres codébiteurs.

M. Delvincourt (tome 3, p. 478) est d'une opinion contraire; il considère que la transaction faite avec l'un des débiteurs solidaires étant faite *intuitu personæ* ne peut profiter aux autres codébiteurs; le débiteur qui a transigé est censé avoir payé sa part, et voilà tout; c'est donc le cas, dit cet auteur, d'appliquer l'art. 1210.

Nous regardons l'opinion de M. Delvincourt comme mal fondée ; car une remise de dette n'est-elle pas pour ainsi dire toujours faite *in-tuitu personæ*, et n'a-t-elle pas, pourtant, pour effet de décharger tous les obligés, dans le cas, bien entendu, où le créancier n'a pas manifesté son intention contraire? Pourquoi donc, ce cas étant donné, ne pas considérer comme éteinte *erga omnes*, la dette dont j'ai consenti à faire remise au moyen d'une transaction? Qu'on nous dise que la loi n'est pas rationnelle, quand elle décide que la remise que je fais à l'un de mes codébiteurs, sans réserver mes droits contre les autres, est *absolue*, c'est-à-dire décharge tous les autres, nous l'avouerons et nous le reconnaîtrons volontiers; mais la disposition de la loi est formelle; or, si peu logique qu'elle puisse être, elle doit être appliquée scrupuleusement : au législateur seul appartient le droit de la modifier.

116. Si la transaction a été faite par l'un des créanciers solidaires, les autres pourront l'invoquer, car chaque créancier a mandat pour faire tous les actes utiles à la conservation de la créance ou qui peuvent en assurer le paiement (art. 1197 et 1199) ; mais elle ne peut pas leur être opposée, car un créancier solidaire ne représente pas ses coïntéressés quand il fait un

acte qui aggraverait leur position, s'il avait effet contre eux.

Toutefois, il est bien entendu qu'elle leur sera opposable pour la part du créancier qui a transigé.

Dans les cas ci-dessus, où l'un des débiteurs solidaires a transigé à raison d'un moyen qui lui était personnel, ou sur le fait de la dette elle-même, et lorsque, dans ce dernier cas, le créancier a réservé tous ses droits contre les codébiteurs, nous avons dit que la transaction ne peut être invoquée par ceux-ci ; que seulement l'action du créancier contre eux est réduite du montant de la part de ce débiteur, et de celle qu'il aurait eu à supporter dans la perte résultant de l'insolvabilité de l'un des codébiteurs, s'il n'eût pas été déchargé de la dette. Mais il reste une difficulté à résoudre : celle de savoir si ce que le débiteur aura payé, en exécution de la transaction, au delà de sa part dans la dette et de sa part dans les insolvabilités, doit tourner à la décharge des autres codébiteurs. Nous le croyons avec M. Duranton (1), auquel nous empruntons cette question. En effet, ce que le débiteur a payé, en vertu de la transac-tion, au delà de sa part, avait pour cause ori-ginaire la dette solidaire ; or, le payement fait

____

(1) Tome xviii, n° 420.

par l'un des débiteurs solidaires libère les autres.

117. La transaction entre le créancier et le débiteur principal peut avoir lieu, ou sur un fait personnel au débiteur, ou sur la dette elle-même, et, dans ces cas, le créancier peut avoir transigé purement et simplement, ou avoir fait des réserves contre la caution. Parcourons ces différentes hypothèses :

1° La transaction a eu lieu en considération de ce que le débiteur principal prétendait avoir une exception personnelle à faire valoir contre son engagement, parce qu'il s'était, disait-il, obligé en minorité. Cette transaction ne pourra ni être invoquée par la caution, ni lui être opposée; elle lui est tout à fait étrangère. Aussi le créancier pourra poursuivre ou l'exécution de la transaction contre le débiteur, ou le paiement de la dette contre la caution. Mais comme il ne peut recevoir des deux côtés, ce que le débiteur aura payé en vertu de la transaction devra être imputé sur ce que devra la caution, et *vice versa*.

2° Si la transaction entre le créancier et le débiteur principal est intervenue sur la dette elle-même, elle profitera à la caution, quand bien même le créancier aurait expressément réservé ses droits contre celle-ci ; car si l'on donnait au créancier un droit contre la caution, un recours devrait être accordé alors à celle-ci contre le débiteur, ce qui rendrait la transaction illusoire; et si on lui refusait ce recours, la décharge accordée au débiteur devrait, en vertu de l'art. 2037, entraîner celle de la caution.

118. La transaction faite entre le créancier et la caution peut avoir pour objet ou le cautionnement ou la dette elle-même.

1° Si elle est faite *sur le cautionnement*, elle devrait être tout à fait étrangère au débiteur principal et ne lui profiter en rien, puisque le créancier, en consentant, moyennant une somme, à décharger la caution de son obligation, prend à sa charge l'insolvabilité du débiteur, et devrait en conséquence conserver la somme, à titre de compensation des risques qu'il consent à accepter. Il n'en est pourtant pas ainsi : *ce que la caution a payé au créancier pour être déchargée de son cautionnement doit être imputé sur la dette, et tourner à la décharge du débiteur principal* (art. 1288); de là, ce que la caution aura payé au créancier, en transigeant avec lui pour s'affranchir de son obligation, devra profiter au débiteur, ce qui est inexplicable. *Dura lex, sed lex.*

La preuve que cette disposition de la loi est mauvaise, c'est qu'on l'élude toujours, le créancier accordant à la caution une décharge pure et simple de son cautionnement, quoiqu'une somme lui ait été payée pour obtenir de lui cette libération. Cette manière d'agir n'a en soi rien d'inique, mais elle est fâcheuse, puisqu'elle est la violation, le plus souvent juste et équitable, de la loi (1).

2° Si la transaction entre le créancier et la caution a pour *objet la dette elle-même*, elle doit profiter au débiteur, comme lui profiterait une remise faite à la caution. Exemple : Pierre m'emprunte 10,000 fr., Paul se porte sa caution, puis, à quelque temps de là, Paul vient me trouver et me dit que le billet que Pierre m'a souscrit peut être critiqué, car Pierre, prétend-il, ne l'a pas écrit de sa main et n'a pas, par exemple, mis le bon et approuvé voulu par la loi (art. 1335); incertain sur la validité du billet en question, je consens à transiger avec Paul, et je lui donne, pour une somme de 2,000 fr. qu'il me paie comptant, une quittance pour solde ; dans ce cas, cette transaction que j'ai ainsi consentie avec la caution, devra, sans aucun doute, profiter à Pierre, mon débiteur, auquel je ne pourrai plus réclamer que 2,000 fr., somme à laquelle ma créance se trouve maintenant restreinte.

(1) *Sic*, MM. Duranton, t. XII, n° 374 et 379; Zachariæ, II, p. 404. M. Buguet, à son cours.

119. Pour les mêmes raisons, la transaction faite avec l'une des cautions sur la dette elle-même doit profiter aux autres, en ce sens que le créancier ne pourra pas exiger des autres cautions une somme plus forte que celle à laquelle il a limité sa créance par la transaction faite avec l'une d'elles. Ce contrat doit, selon nous, produire les mêmes effets que la remise de la dette (art. 1285).

Si la transaction entre le créancier et l'une des cautions était intervenue sur le cautionnement, elle ne profiterait aux autres cautions que dans la limite de la part de celle avec laquelle le créancier a transigé (art. 2037).

120. L'envoyé en possession provisoire des biens d'une personne déclarée absente pourrait-il, sur cesdits biens, faire une transaction valable, c'est-à-dire une transaction qui serait obligatoire pour l'absent de retour?

La transaction faite par l'envoyé au nom de l'absent ne sera opposable à celui-ci que dans le cas où elle lui profiterait, et que dans la limite de ce profit, par application de l'art. 1375 du Code Napoléon; comme on le voit, les tiers qui traiteraient avec l'envoyé ne feraient qu'un contrat subordonné à cette condition, *qu'il sera ou non utile à l'absent de retour*. Pour mettre à l'abri de toute résolution la transaction qu'ils croient nécessaire de consentir sur les biens de l'absent, les envoyés peuvent, selon nous, s'adresser à la justice et lui demander son autorisation (art. 2126 et 112). Le tribunal pourra, il est vrai, ne permettre la transaction qu'en prescrivant certaines mesures, certaines précautions qu'il croira convenables, comme par exemple en obligeant les envoyés à obtenir l'avis préalable de trois jurisconsultes (arg. de l'art. 467 du Code Nap.). Mais, une fois ces formalités remplies, cette transaction sera opposable à l'absent de retour.

CHAPITRE VI.

DES CAUSES DE NULLITÉ DES TRANSACTIONS.

121. La transaction, comme tout autre contrat, a besoin des quatre conditions suivantes : 1° le consentement des parties ; 2° leur capacité ; 3° une cause licite ; 4° un objet certain.

122. 1° *Du consentement des parties.* — Le consentement des parties doit être libre ; il ne l'est pas lorsqu'il n'a été donné que par erreur, extorqué par violence ou surpris par dol ; il y

a donc lieu à la nullité de la transaction consentie dans ces divers cas ; parcourons-les rapidement :

1° De l'erreur. — L'erreur est une opinion contraire à la vérité. Il y a deux espèces d'erreurs : l'erreur de droit et l'erreur de fait.

L'erreur de droit n'a pas été admise comme cause de nullité de notre contrat, parce que le plus souvent, quand on transige, c'est-à-dire quand on consent à abandonner un droit douteux moyennant une concession que l'on vous fait, ce n'est qu'après avoir bien pesé le plus ou moins de fondement de ce qu'on croit être son droit, qu'après avoir pris l'avis d'hommes expérimentés ; ensuite, le but du législateur, en défendant d'invoquer, comme moyen de rescision des transactions, une erreur fondée sur l'ignorance de la loi, a été de donner à notre contrat le plus de solidité possible.

L'erreur de fait *excuse toujours*, disait-on dans notre ancienne jurisprudence ; il faut pourtant distinguer sur quel objet cette erreur tombe ; elle peut avoir lieu ou sur la personne ou sur l'objet du contrat.

L'erreur sur la personne est une cause de nullité lorsque la considération de la personne est entrée pour quelque chose dans la confection du contrat. En effet, supposons que Pierre ait été institué légataire universel de mon frère, et que ce legs universel résulte d'un testament dont la validité n'est pas à l'abri de toute critique ; pour éviter un procès, et aussi pour reconnaître les services que m'a rendus un nommé Pierre qui a été mon professeur dans mon enfance, et que je prends pour ce Pierre légataire universel, je consens à abandonner mon droit à la moitié de l'hérédité de mon frère ; puis, une fois le contrat terminé, je m'aperçois que ce Pierre avec lequel j'ai transigé n'est pas celui que j'avais en vûe et auquel je voulais faire une espèce de libéralité ; dans ce cas, bien certainement, je pourrai faire tomber ma transaction comme faite par erreur.

123. La transaction surprise par dol ou extorquée par violence serait encore annulable, car, dans ces deux cas, le consentement des parties n'a pas été libre. Ainsi, la transaction que j'ai faite avec mon cohéritier sur la succession de Pierre pourra être annulée, si mon cohéritier m'a par son dol ôté la connaissance de l'état des biens (L. 9, § 2, D., *de transact.*). De même, si j'ai abandonné par transaction un droit que je ne pouvais pas soutenir faute d'un titre retenu par ma partie, je rentrerai par la suite dans mon droit, si ce titre vient à paraître. De même, je pourrai faire annuler, en vertu du dol de mon adversaire, la transaction que j'ai consentie avec

lui sur un différend qui nous divisait, et qui était terminé par un jugement en dernier ressort, jugement dont j'ignorais l'existence et qui était connu de la partie avec laquelle j'ai traité.

124. 2° *De la capacité des parties.* — Pour transiger, il faut être capable ; la capacité nécessaire pour faire les contrats ordinaires n'est même pas suffisante pour le contrat qui nous occupe. Nous avons, dans notre chapitre II, exposé les causes d'incapacité pour transiger ; nous ne pouvons qu'y renvoyer.

125. 3° et 4° *De l'objet et de la cause des transactions.* — L'objet d'une transaction doit être douteux et incertain, c'est-à-dire contesté en justice ou de nature à l'être (L. 2, Code, *de transact.* ; L. 1, Dig., *de eod. tit.*).

La cause de toute transaction est toujours le désir d'éviter ou de terminer un procès, ce qui fait supposer qu'il y a entre les parties un droit plus ou moins douteux, sur le fondement duquel un procès peut naître ; dans le cas contraire, la transaction qui interviendrait pourrait être annulée pour défaut de cause, comme dans les *quatre cas suivants :*

126. 1° Si elle a été faite en exécution d'un titre nul, à moins que les parties n'aient expressément traité sur la nullité.

127. Ici, se présente une difficulté qu'il nous faut résoudre : celle de savoir si les deux ar-

ticles suivants se contredisent, si l'art. 2054 détruit l'art. 2052, ou, au contraire, s'il y a moyen de donner un sens à ces deux articles, sans mettre le législateur en contradiction avec lui-même.

L'art. 2062 porte : Les transactions ne peuvent être annulées pour *cause d'erreur de droit*. L'article 2054, au contraire, dit : Il y a également lieu à l'action en rescision contre une transaction, lorsqu'elle a été faite en *exécution d'un titre nul*, à moins que les parties n'aient expressément traité sur la nullité.

MM. Duranton et Troplong pensent que ces articles s'appliquent à des cas différents; ils disent que la transaction faite sur un titre nul sera valable si l'erreur qui a fait considérer ce titre nul comme valable repose sur une erreur de droit; comme, par exemple, si j'ai transigé sur un testament ayant eu cet acte sous les yeux et n'ayant su y découvrir les vices qu'il renfermait; à moins pourtant que ces vices fussent tels qu'ils n'aient pu être reconnus à l'inspection de l'acte, par exemple, parce que l'un des témoins était incapable pour une cause cachée et inconnue.

Ces auteurs ajoutent : Mais si la transaction a été faite sans que les parties aient sous les yeux le testament, et que cet acte soit nul, la transaction pourra être annulée, car il y a là *une erreur de fait* qui ne peut être reprochée aux transigeants, comme aurait pu l'être *une erreur de droit.*

Ainsi donc, d'après ces auteurs, doit. être annulée la transaction faite sur un titre nul que les parties ont supposé valable par suite d'*une erreur de fait ;* au contraire doit être maintenue la transaction de la même nature, lorsque le titre sur lequel on a traité a été supposé valable par suite d'*une erreur de droit* (1).

Les annotateurs de M. Zachariæ (2) combattent l'opinion des savants auteurs que nous venons de citer. Ils disent qu'il n'y a pas lieu à distinguer si l'erreur, dans le cas d'une transaction sur un titre nul, repose ou sur une erreur de droit ou sur une erreur de fait, pour infirmer la transaction ; que, dès qu'il y a transaction sur un titre nul, il y a *contrat annulable,* parce qu'il y a toujours *défaut de cause.* Nous admettons fort bien ce raisonnement, qui, du reste, se trouve tout entier dans les travaux préparatoires du Code (voir le discours de l'orateur du gouvernement n° 12, ainsi que celui du tribun Gillet, n° 12, Locré, tome XV, p. 423, 447 et 448).

Mais ce que nous ne pouvons comprendre,

---

(1) MM. Dur., xviii, n° 423 ; Troplong, xvii, n° 147.
(2) Tome iii, p. 147.

c'est que ces auteurs viennent dire qu'il n'y a pas antinomie entre les deux art. 2052 et 2054. En effet, de deux choses l'une : ou nous appliquerons d'une manière générale l'art. 2054, ou nous l'appliquerons d'une manière restrictive.

Si nous l'appliquons d'une manière générale, c'est-à-dire si nous décidons, sans faire aucune distinction, entre l'erreur de droit et l'erreur de fait, que toute transaction sur un titre nul est annulable faute de cause, quand appliquerons-nous l'art. 2052 ? Nous ne le voyons pas.

Ou bien nous adopterons la distinction entre l'erreur de droit et l'erreur de fait ; alors nous trouverons l'utilité et l'application de l'article 2052. Nous croyons donc que les savants annotateurs de M. Zachariæ ont ici commis une erreur ; et pour ne pas trouver le législateur en contradiction avec lui-même, et aussi pour donner au contrat qui nous occupe le plus de stabilité possible, nous pensons que le système de MM. Duranton et Troplong doit être suivi.

128 2° La transaction faite sur pièces qui, depuis, ont été reconnues fausses *est entièrement nulle*, c'est-à-dire même quant aux chefs auxquels les pièces fausses ne sont pas relatives. On a voulu abroger, à cet égard, la disposition de la loi 42, C., *de transact.*, qui n'annulait la transaction que sur les chefs relatifs à la pièce fausse ; la disposition de notre Code est plus con-

forme aux principes. Dans une transaction, tout est corrélatif ; car, comme l'a dit l'orateur du gouvernement : « Lors même que les divers points sur lesquels on a traité sont indépendants quant à leurs objets, il n'en est pas moins incertain, s'ils ont été indépendants quant à la volonté de contracter, et si les parties eussent traité séparément sur l'un des points (1). »

129. 3° La transaction intervenue sur une contestation terminée par un jugement passé en force de chose jugée, dont les parties, ou l'une d'elles, n'avaient pas connaissance, est nulle.

En effet, si le jugement est ignoré des deux parties, la transaction doit tomber, comme reposant sur une fausse cause , les parties croyant le droit douteux, tandis qu'il était certain. — Si, au contraire, le jugement était connu de l'une des parties, si c'est du perdant, la transaction devrait être annulée, comme n'ayant pour cause que le dol de ce dernier. Mais *quid* , si le jugement n'était connu que du gagnant ? L'on peut croire, dit M. Delvincourt (2), qu'il a transigé pour l'acquit de sa conscience ou *donandi animo ;* d'ailleurs, *volenti non fit injuria.* Quant à nous, même en adoptant l'opinion de M. Delvincourt, nous devons faire remarquer

____

(1) Locré, t. xv, p. 424.
(2) Tome iii, p. 479.

que, dans cette dernière hypothèse, le contrat qui interviendrait ne serait pas une véritable transaction, puisque le droit sur lequel on a traité n'était pas *douteux*, mais bien *certain* et *décidé*.

130. Si le jugement, ignoré des parties, était susceptible d'appel, la transaction devrait être maintenue, parce que c'est vraiment sur l'appel que le procès est jugé : par conséquent, s'il n'était pas susceptible d'appel, la transaction serait nulle, quand même les parties, ou l'une d'elles, soutiendraient qu'il y avait lieu à cassation ; le pourvoi en cassation n'empêche pas qu'il n'y ait un droit acquis, un droit dont l'exécution n'est pas suspendue ; ensuite, qui jugerait la contestation? La demande en nullité de la transaction doit, d'après les règles de la procédure, être portée d'abord au tribunal de première instance; il faudrait donc que ce tribunal examinât si un arrêt, par exemple, est ou non susceptible d'être cassé ; c'est ce qui est contre toutes les règles de la hiérarchie judiciaire.

Ajoutons pourtant, avec l'orateur du gouvernement (1), que si les moyens de cassation présentaient eux-mêmes une question douteuse, cette contestation pourrait, comme toute autre, être l'objet d'une transaction.

____

(1) Locré, xv, p. 425.

131. La transaction sur une contestation terminée par un jugement contre lequel on ne pourrait agir que par la voie de la requête civile, doit être également annulée.

132. Si les parties, au lieu de transiger dans l'ignorance du jugement qui a tranché leurs droits d'une manière définitive, ont traité en parfaite connaissance de cause, le contrat intervenu devra-t-il être maintenu ou annulé? A ne consulter que le droit romain, le contrat doit être annulé (1); mais, par un argument *a contrario*, tiré de l'art. 2056, nous pouvons décider autrement. D'après cet article, la transaction faite sur un procès jugé en dernier ressort est nulle, quand ce jugement a été ignoré des parties; donc si ce jugement leur a été connu, la transaction est valable; telle est aussi l'opinion de MM. Duranton, Troplong et des annotateurs de M. Zachariæ. Nous dirons donc que la transaction intervenue sur un procès jugé en dernier ressort, mais connu des parties, vaut, sinon comme transaction véritable, du moins comme renonciation faite en connaissance de cause, et même comme renonciation faite sur les recours extraordinaires au moyen desquels le jugement aurait pu être attaqué.

______

(1) L. 32, au Code, *de transact.*

133. La transaction sur un procès précédemment jugé et ignoré des parties est nulle, parce qu'il n'y avait pas de question douteuse qui pût en être l'objet. Le motif est le même pour déclarer nulle la transaction ayant *un objet déterminé*, sur lequel il serait constaté par pièces nouvellement découvertes que l'une des parties était absolument sans droit. Tel est le cas où un héritier grevé d'un legs par un testament transige avec le légataire, et où, postérieurement à la transaction, il est découvert un second testament, révocatoire du legs en question.

Si les pièces nouvellement découvertes ne faisaient que confirmer les droits de l'une des parties, celle-ci ne pourrait s'en prévaloir pour demander l'annulation de la transaction, à moins que l'autre partie ne les eût retenues par dol.

De même, la transaction intervenue sur toutes les affaires que les parties pourraient avoir ensemble ne peut être attaquée sous prétexte de pièces nouvelles, à moins qu'elles n'aient été retenues par le fait de l'une d'elles. Quand on transige avec une personne *sur toutes les affaires qu'on peut avoir ensemble*, il est certain que, dans les sacrifices qu'on fait expressément dans la pensée qu'on ne sera plus inquiété en aucune façon dans l'avenir, il y a une renonciation tacite à tout usage des titres

qui pourraient être postérieurement décou-
verts.

134. La loi décide encore que la transaction
ne peut être annulée pour cause de *lésion*. Cette
décision paraît fort sage (1), car qu'est-ce que
la lésion? Un préjudice éprouvé dans un contrat
à titre onéreux; or, ce préjudice, pour qu'il
puisse donner lieu à la nullité de l'acte duquel
il résulte, doit être appréciable; et comment
pourrait-on apprécier dans une transaction le
tort éprouvé par l'une des parties? L'une donne
ou promet quelque chose contre l'abandon d'un
droit que consent l'autre partie, droit qui doit
être douteux et incertain, et par conséquent
inappréciable d'une manière sûre. La transaction, du reste, n'est qu'un composé de sacrifices
et de concessions mutuelles, dont le prix est la
paix et la tranquillité, chosés fort avantageuses

---

(1) Elle était pourtant inutile à mentionner, le législateur
ayant, dans l'art. 1118, posé le principe que la lésion ne
serait plus une cause générale de rescision, mais bien une
cause tout exceptionnelle; il en était autrement dans notre
ancienne jurisprudence, qui admettait la lésion comme une
cause de nullité commune à tous les contrats; avec ce principe, il fallait indiquer ceux des contrats qu'on voulait soustraire à cette cause de nullité; la transaction était du nombre,
et notre article 2057 n'est que la reproduction fidèle de la
disposition relative à notre contrat, qui se trouvait dans tous
nos anciens auteurs.

sans aucun doute, mais qui ne peuvent s'estimer
en argent.

135. Ce principe reçoit exception, si l'acte,
quoique qualifié de transaction, n'est en réalité qu'un acte de partage (art. 887 et 888).
Pour obtenir contre cet acte, improprement
appelé transaction, une action en nullité, il ne
suffit pas d'avoir obtenu un préjudice, il faut
qu'on établisse à son détriment une lésion de
plus du quart. Remarquons que l'action en
rescision pour cause de lésion qui est admise
contre un acte de partage, ne l'est plus contre
une transaction faite sur les difficultés réelles,
que présentait l'acte de partage, même quand
il n'y aurait pas eu à ce sujet de procès com-
mencé (art. 888).

136. Quoique la lésion ne puisse pas donner
lieu à invoquer la nullité de la transaction, on est
cependant recevable à demander la rectification
des erreurs de calcul qui peuvent s'être glissées
dans l'acte (art. 2058). *Errorem calculi veritati
non afferre præjudicium*, disait la loi romaine (1).

---

(1) L. unique, D., *de errore calculi*.

DEUXIÈME PARTIE.

EXAMEN DU DROIT D'ENREGISTREMENT (1) DANS SES RAPPORTS AVEC LES TRANSACTIONS.

137. L'*enregistrement* est une formalité qui consiste dans la relation d'un acte ou d'une mutation sur un registre à ce destiné. L'accomplissement de cette formalité donne ouverture à des droits dont l'ensemble constitue l'impôt de l'enregistrement, et augmente dans une proportion très considérable les revenus du trésor.

138. Cet impôt est perçu et à l'occasion des *actes* et à l'occasion des mutations de propriété.

Le *droit de mutation* était connu dans notre ancienne jurisprudence sous le nom de *droit de centième denier*, et le *droit sur les actes* sous celui

---

(1) Nous avons, sur cette matière, consulté avec un grand intérêt : 1° l'excellent Traité des droits d'enregistrement de MM. Championnière et Rigaud (et particulièrement le tome Ier, nos 595 à 680, et l'excellente introduction qui se trouve au commencement du t. v) ; 2° un article de M. Valette (*Revue de législation française et étrangère*, t. x, 1843) ; 3° Merlin (Répertoire, au mot *Enregistrement* et au mot *Partage*, § 11).

de *droit de contrôle*. La loi fiscale qui nous régit maintenant (c'est-à-dire la loi du 22 frimaire an VII) (1), a réuni sous une même dénomination ces deux espèces d'impôts entièrement différents dans leur origine, dans leur effet, dans leur objet, et même dans leurs qualités, car l'un est bon et l'autre mauvais.

Le premier est celui qui se perçoit à raison de la transmission des biens; celui-là nous paraît juste : c'est le prix des avantages de la propriété.

Le second est établi sur les actes; celui-là est essentiellement mauvais; il frappe tous les actes soit notariés, soit sous seing privé; mais il ne les frappe qu'autant qu'ils sont présentés à l'enregistrement. Disons toutefois que les notaires sont obligés de faire enregistrer les actes qu'ils reçoivent dans un certain délai, sous peine d'amende (art. 20 et 33 de la loi de frimaire); que les particuliers doivent aussi faire enregistrer leurs actes sous seing privé, s'ils veulent s'en prévaloir en justice, sauf encore

______

(1) Cette loi, quoique ayant été modifiée par des lois postérieures, sous les dates des 28 avril 1816, 15 mai 1818, 6 juin 1824, 21 avril 1832 et 24 mai 1834, n'en reste pas moins encore le Code de notre droit fiscal; car ces lois que nous venons de citer n'ont pas eu pour objet de changer l'esprit de la loi de frimaire, mais seulement d'augmenter ou de diminuer les tarifs.

le double droit, si l'enregistrement n'a pas eu lieu dans le délai voulu (art. 22 et 25 de ladite loi).

De ce que tout acte quel qu'il soit est tributaire de l'impôt, il résulte : 1° que les parties rédigent elles-mêmes leurs conventions par actes sous seing privé, et que par le défaut d'expérience et de pratique ces actes contiennent le plus souvent des germes de procès, procès qui auraient pu être évités si l'acte avait été rédigé par un notaire instruit. Mais la crainte du fisc détourne les parties de l'idée d'aller chez un notaire. Voilà un premier inconvénient de l'impôt que nous combattons.

Un second mal que cet impôt sur les actes produit, est que souvent, ou pour mieux dire toujours, dans les actes notariés, redoutant la régie, on dissimule le contrat que l'on se propose de faire sous le nom d'un autre contrat non sujet à l'impôt, ou du moins soumis à un droit moindre que le contrat que l'on fait réellement. Souvent on déguise le prix ou la somme promise, on fait des contre-lettres, toutes choses qui ne donnent lieu qu'à la mauvaise foi et qu'aux procès. C'est là un mal sans doute, et un mal d'autant plus fâcheux que la cause s'en trouve dans la loi.

139. Le droit de mutation vient de la féodalité ; les seigneurs exigeaient de leur vassal, en

cas de mutation de fiefs servants par vente ou par acte équipollent à vente, une certaine somme, ordinairement la cinquième partie du prix : de là le droit du seigneur appelé *droit de quint*. Dans le cas de mutation de Censive par vente ou par acte équipollent à vente, le droit du seigneur consistait dans une part proportionnelle dans le prix de vente ; cette part portait le nom de *lods et ventes*, ce qui signifie : part qui est le prix de l'approbation de la vente par ce seigneur (de *laudare venditionem*).

A l'exemple des droits seigneuriaux, des édits, dont le plus récent est de 1703, assujettirent les mutations de biens immeubles à un impôt proportionné à la valeur des biens transmis, qui prit le nom de *centième denier*.

Ce droit était censé le prix de la formalité de l'insinuation ou enregistrement, qui devait être donné aux actes translatifs.

La législation des droits seigneuriaux a été abolie par les lois abolitives des droits féodaux, et celle du centième denier par la loi des 5-19 décembre 1790.

140. Les droits pour les actes consistaient dans le contrôle ; c'était une formalité qui avait pour but d'en assurer l'existence et la date. Elle consistait, comme l'insinuation, dans un enregistrement contenant le nom des parties, la qualité de l'acte et le nom des notaires. La

nécessité du contrôle pour les actes sous seing privé fut inspirée par un édit d'octobre 1705.

Comme nous l'avons dit, notre législation fiscale, qui repose tout entière sur la loi de frimaire, a réuni dans son art. 4 les droits d'acte et les droits de mutation, à tort selon nous.

141. Mais que doit-on entendre par *droit d'acte*, par *droit de mutation?*

La loi fiscale entend par droit de mutation celui qui est perçu sur la transmission entrevifs de biens immeubles en propriété, usufruit ou jouissance, et celui auquel donnent lieu les transmissions de biens qui s'opèrent par décès.

Le droit d'acte s'applique donc, par conséquent, à tous actes, quels qu'ils soient, présentés à la formalité, qui constatent autre chose que la transmission entre-vifs de biens immeubles, ou la mutation par décès de toutes espèces de biens.

142. Les droits d'enregistrement sont fixes ou proportionnels, suivant la nature des actes et mutations qui y sont assujettis (art. 2).

143. Le droit fixe s'applique aux actes, soit civils, soit judiciaires ou extra-judiciaires qui ne contiennent ni obligation, ni libération, ni condamnation, collocation ou liquidation de sommes et valeurs, ni transmission de propriété, d'usufruit ou de jouissance de biens meubles ou immeubles.

144. Le droit proportionnel est établi pour les obligations, libérations, condamnations, collocations ou liquidations de sommes et valeurs, et pour toute transmission de propriété, d'usufruit ou de jouissance de biens meubles et immeubles, soit entre-vifs, soit par décès.

145. Le droit fixe est généralement considéré comme la représentation du salaire de la formalité ; d'après cela, on serait tenté de croire qu'un seul et même droit doit atteindre tous les actes quels qu'ils soient, qui, par leur nature, ne donnent ouverture qu'à un droit de cette espèce, puisque la formalité est la même pour tous. Il n'en est pas ainsi cependant : l'uniformité, sous ce rapport, eût simplifié de beaucoup la perception, et, dans cet intérêt, on proposa de l'établir, lors de la discussion de la loi ; mais il fut reconnu que la proposition ne pouvait être admise sans une diminution sensible des revenus du trésor. Un tarif fut donc établi dont les quotités varièrent suivant l'importance attribuée aux actes non soumis au droit proportionnel. Ce tarif, qui est écrit dans l'art. 68 de la loi de frimaire, a été modifié depuis par des lois ultérieures, et notamment par celle du 16 avril 1816, qui l'a généralement élevé : il comprend aujourd'hui des quotités qui varient depuis 50 c. jusqu'à 100 fr.

146. Quant aux droits proportionnels, ils ne

sont pas seulement, comme les droits fixes, le salaire de la formalité, ils impliquent encore une contribution assise sur les valeurs; ces droits sont établis dans les rapports d'une somme à 100 fr. Ainsi : 1 fr. par 100 fr., 2 fr. par 100 fr., c'est-à-dire que le contribuable devra payer autant de fois 1 fr., 2 fr., que l'objet imposé vaudra de fois 100 fr.; c'est en cela que le droit est proportionnel. Au contraire, s'il s'agit d'un droit fixe, le contribuable n'aura à payer que le montant de la somme fixée au tarif, n'importe la valeur de l'objet imposé. Ainsi, les acceptations pures et simples de successions sont tarifées au droit fixe d'un franc : chaque héritier ne devra donc qu'*un franc* au domaine, quelle que soit du reste l'importance de la succession.

147. Nous ne devons nous occuper de l'enregistrement qu'au *point de vue des transactions,* aussi ne pouvons-nous donner ici plus de détails préliminaires; nous allons donc aborder de suite notre matière.

L'art. 68, § 1er, n° 45, de la loi de frimaire, soumet au droit fixe de 1 fr., porté à 3 fr. par la loi du 28 avril 1816, art. 43, n° 8 : « Les « transactions, en quelque matière que ce soit, « qui ne contiennent aucune stipulation de « sommes et valeurs, ni disposition soumise « par la présente à un plus fort droit d'enre- « gistrement. »

148. D'après cet article, la transaction, c'est-à-dire le contrat, fait, comme dit Pothier *(ad Pandectas)*, « litis motæ vel movendæ decidendæ causa », est tantôt soumis à un droit fixe de 3 fr., tantôt soumis à un droit plus élevé, c'est-à-dire à un droit proportionnel ; nous allons donc, dans un premier chapitre, rechercher dans quel cas le droit fixe est seul exigible, et pour arriver à la solution de cette question, nous résoudrons celle de savoir si la transaction est de sa nature déclarative ou translative de propriété.

Dans un second chapitre, nous verrons dans quels cas la transaction est soumise au droit proportionnel.

Enfin, dans un troisième et dernier chapitre, nous parcourrons les différents actes et contrats avec lesquels la transaction peut avoir de l'analogie, et nous exposerons les différences qui existent entre ces actes et le contrat qui nous occupe, tant au point de vue du droit civil qu'au point de vue du droit d'enregistrement.

CHAPITRE Ier.

DANS QUEL CAS LE DROIT FIXE EST-IL SEUL EXIGIBLE ? — LA TRANSACTION EST-ELLE DE SA NATURE DÉCLARATIVE OU TRANSLATIVE DE PROPRIÉTÉ ?

149. Les transactions pures et simples, c'est-à-dire celles qui ne renferment ni libérations, ni obligations, ni mutations de propriété, ne doivent que le droit fixe : c'est ce qui résulte d'une manière certaine de l'art. 68, § 1, n° 45, de la loi de frimaire, et aussi de l'art. 69, § 3, n° 3, de la même loi (article dont nous parlerons dans le chapitre suivant). La question qu'il nous faut résoudre et sur laquelle la cour de cassation est tout à fait en opposition avec les auteurs, est celle de savoir si la transaction est de sa nature déclarative de propriété, et si par conséquent elle ne doit, en règle générale, que *le droit fixe*, ou si au contraire elle est translative, et doit, en principe, le droit proportionnel.

Qu'est-ce qu'une transaction? Un contrat par lequel des parties, pour terminer ou éviter un procès, se font réciproquement des sacrifices. Ainsi, par exemple, institué légataire universel de Pierre par un testament sujet à critique, je transige avec Paul, qui est le frère de Pierre, et il est dit dans l'acte que je me contente de la moitié de l'hérédité et que Paul aura l'autre moitié; ce contrat de transaction est-il pour Paul un titre translatif, ou simplement un titre déclaratif de propriété? C'est là la question.

150. La plupart des anciens auteurs qui ont écrit sur cette matière considéraient la tran-

saction comme déclarative, mais non comme translative.

Dumoulin enseigne que la transaction n'est jamais un nouveau titre pour celui auquel une chose est définitivement attribuée : *Clarum est quod nullum dominium transfertur, nec novum jus, nec novus titulus in re acquiritur, sed sola liberatio controversiæ* (Sur l'ancienne Coutume de Paris, § 33, gl. 1, n° 67).

« La transaction, dans aucun cas, dit d'Argentré (1), n'est la source du droit reconnu par elle ; le droit dérive d'une cause antérieure et préexistante, sur laquelle il s'était élevé des doutes que la transaction fait cesser ; mais elle ne la crée pas. Sur quoi transigerait-on s'il n'existait pas d'abord un droit qui fût l'objet du litige? C'est ce droit auquel la transaction rend hommage ; elle n'est pas le titre, mais la reconnaissance du titre : *Non est titulus sed tituli prætensi confessio.* »

D'après ces deux auteurs, comme on le voit la transaction est de sa nature déclarative mais en est-il de même d'après nos lois actuelles? C'est ce que nous croyons, et ce que reconnaît formellement Merlin (Répertoire, voyez Partage, n° 11), quand il dit : que c'est vainement que la loi prétend que reno ncer à des

---

(1) D'Argentré, sur l'art. 266 de la coutume de Bretagne ch. 3.

droits immobiliers , moyennant une somme d'argent, c'est aliéner ces droits, c'est les transporter, c'est les vendre.

« La loi ne voit dans la transaction sur des droits immobiliers que la fin d'un procès douteux ; elle ne se permet pas de peser les prétentions dont les parties ont fait respectivement le sacrifice ; elle ne se permet pas de dire : Telle prétention était fondée, et en y renonçant, celui qui la formait en a aliéné l'objet. La transaction est pour elle un voile sacré, elle le respecte religieusement, et ne souffre pas qu'on le soulève. »

La preuve que la transaction n'est chez nous que déclarative, c'est qu'elle est assimilée aux jugements (art. 2052, Code Nap.), qui n'ont pour effet que de reconnaître un droit préexistant. Ainsi, je suis, par exemple, en instance contre vous pour me faire déclarer propriétaire de l'immeuble A ; un jugement intervient qui vous condamne à délaisser cet immeuble ; par l'effet de ce jugement je serai réputé avoir toujours été propriétaire. Au lieu d'un jugement, supposons une transaction par laquelle vous m'avez reconnu le droit que je prétendais avoir sur l'immeuble en question moyennant une certaine somme que je vous ai donnée ; peut-on dire que je vous ai vendu cet immeuble? En aucune façon ; mon droit de propriété n'était pas plus certain que le vôtre ; je n'ai fait qu'une chose : reconnaître votre droit ; aussi devrez-vous être réputé avoir toujours été propriétaire de cet immeuble, et la transaction ne pourrait pas vous servir de *titre* pour la prescription.

151. D'après tout ce qui précède nous croyons avoir suffisamment prouvé que la transaction ne constitue pas un titre translatif de propriété, mais seulement, comme le dit d'Argentré, *tituli prætensi confessio.*

152. De ce principe, il résulte que le droit fixe seul est dû en règle générale dans les transactions, et que le droit proportionnel ne l'est que par exception. Nous allons voir pourtant que la régie réclame *toujours* le droit proportionnel, et nous constaterons aussi avec peine la jurisprudence de la cour de cassation, cédant sans cesse aux demandes de l'administration.

CHAPITRE II.

DU DROIT PROPORTIONNEL.

153. Pour que le droit proportionnel soit exigible, il faut que la transaction contienne obligation, libération ou mutation de propriété. Mais dans quels cas la transaction est-elle translative de propriété?

La régie voit la mutation de propriété dans

le changement de main, dans *le changement de possesseur* de l'objet en question, et elle réclame alors le droit proportionnel; c'est ainsi qu'elle a reconnu passible de ce droit la transaction passée entre un légataire universel, saisi de plein droit à défaut d'héritiers à réserve, et les héritiers naturels, quand le premier renonce, par la transaction, aux effets du testament, parce qu'il y a transmission de lui aux héritiers naturels des choses dont il était saisi par suite du testament (instruction générale du 15 décembre 1827).

La cour de cassation a secondé ces principes du fisc en décidant, par un arrêt du 19 novembre 1839 : « Qu'une transaction passée entre un légataire qui a obtenu l'envoi en possession des biens d'une succession dans laquelle il n'existe pas d'héritier à réserve, et l'un des héritiers légitimes *qui n'a pas fait annuler le testament* contenant le legs universel, ne peut être considérée, *pour la perception du droit d'enregistrement*, *comme déclarative* de la propriété de l'héritier; que cette transaction est *attributive de propriété*, et qu'elle opère une véritable transmission; qu'il importe peu que *la somme ou valeur stipulée fasse partie des objets litigieux* ou *qu'elle en soit distincte*, aucune des lois rendues sur la matière ne renfermant cette disposition, qui ne serait fondée *sur aucun motif réel*, les tribunaux ne pouvant la créer. » D'où la conséquence qu'un droit proportionnel est dû par l'héritier légitime.

Ainsi, d'après la doctrine de la cour de cassation et aussi d'après les instructions de la régie, la transaction par l'effet de laquelle il y a changement dans la possession, changement de main, comme on disait autrefois, est attributive de propriété, et par conséquent *soumise au droit proportionnel*, sans même qu'il y ait à distinguer si l'objet ou les objets qui passent des mains de l'un des contractants dans celles de l'autre faisaient ou non partie des objets litigieux.

Nous ne pouvons que regretter une pareille jurisprudence, basée sur l'oubli des principes les plus incontestables, principes reconnus par le droit romain (1) et par tous nos anciens feudistes.

154. En effet, dans les transactions on a toujours distingué le cas où ce qui est donné comme prix de la transaction est ou n'est pas un objet litigieux.

Dans le premier cas le droit fixe est seul exigible, car la transaction n'est alors que déclarative de propriété.

Dans le second, au contraire, le droit proportionnel est dû, car il y a mutation de pro-

____

(1) V. L. 33, au Code, *de transact.*, fort bien expliquée par Pothier, au titre de la vente, n° 646.

priété; c'est du reste ce qu'enseigne M. Merlin, Répertoire, v° Transactions. «Si par la transaction l'une des parties abandonnait à l'autre un objet non litigieux, pour l'indemniser des sacrifices de ses prétentions sur les choses en litige, l'abandon de cet objet constituerait une mutation de propriété qui donnerait nécessairement ouverture à un droit proportionnel d'enregistrement. C'est ce qu'a jugé un arrêt de la cour du 11 avril 1808. »

La transaction devient translative, toutes les fois que des choses non comprises au litige sont abandonnées à celui auquel elles n'appartenaient pas; alors il y a passage de ces choses d'une main dans une autre, il y a un mouvement de valeur qui rend le droit proportionnel exigible. Si les choses données sont des choses litigieuses, il n'y a alors que le droit fixe d'exigible, car par la transaction celui qui abandonne ces objets ne fait que *déclarer, reconnaître* le droit de son adversaire; il en sera de même, que mon adversaire me cède les objets qu'il détient ou que je consente à les lui laisser, la mutation de possession quant aux objets litigieux n'ayant aucun effet translatif; c'est du reste ce qui résulte du passage suivant de Merlin, qui à cette question : La transaction sur la propriété d'un héritage donne-t-elle ouverture au droit de quint et de lods et ventes? répond : « Non; car,

« ou l'héritage est abandonné à celui qui en
« était déjà en possession, et comme alors il n'y
« a pas de mutation, nul doute qu'il n'est rien
« dû au seigneur; ou le possesseur restitue
« l'héritage à la partie avec laquelle il tran-
« sige, en reconnaissant qu'elle en est le véri-
« table propriétaire; et comme cette restitution
« ne transfère pas à celle-ci le domaine d'une
« chose qui lui est reconnue lui avoir appar-
« tenu, nul doute encore que le seigneur ne
« peut exiger aucun droit, quand même cette
« transaction serait faite moyennant quelques
« sommes d'argent, à moins qu'on ne prouvât
« que c'est réellement une vente que les parties
« ont faite sous le nom de transaction.

« Telles sont là-dessus les véritables maxi-
« mes; elles sont enseignées par Dumoulin,
« art. 22, n⁰ˢ 66 et 67; par d'Argentré, *de*
« *Laudimiis*, § 55; par Dunot, *de la Main-*
« *morle*, ch. 5; par Taviot, *sur Périer*, quest. 30
« et 124; et par une infinité d'autres au-
« teurs. »

Puis immédiatement, M. Merlin transcrit
l'art. 68, § 1ᵉʳ, n° 45, de la loi de frimaire. Ce
rapprochement démontré manifestement que
la doctrine qu'il venait d'énoncer relativement
aux lods et ventes devait, dans sa pensée, s'appliquer à l'établissement du droit proportionnel déclaré.

155. La doctrine de ce savant magistrat est loin de celle de l'administration des domaines, qui décide :

1° Que, s'il y a changement de possesseur, le droit proportionnel est dû à raison des objets transmis au nouveau possesseur.

2° Que s'il n'y a pas changement dans la possession, le même droit est dû à raison de la prétention abandonnée par l'autre partie Ainsi deux héritiers se disputent une succession valant 100,000 fr. ; l'un d'eux est en possession. Si celui-ci l'abandonne à l'autre, il y a transmission à l'égard du tout, et droit de mutation à percevoir sur la valeur entière, car : « La convention a opéré un changement dans l'état de possession des parties. » (Instr. génér. du 15 décembre 1827.)

Si c'est le second qui renonce à sa demande, il y a : « non pas cession d'une hérédité, mais cession d'une action tendant à obtenir l'hérédité » (Délibér. du 12 juin 1829). Le même droit est exigible.

D'après cette doctrine, nous ne voyons pas dans quel cas l'art. 68, § 1er, n° 45, qui tarife les transactions *au droit fixe*, pourra être appliqué. Cette doctrine est sans aucun doute vicieuse et erronée ; disons de suite que la cour de cassation l'a aussi reconnue telle, en s'en écartant complétement par un arrêt du 21 août

1848, par lequel elle décide que, lorsqu'un jugement a prononcé la nullité d'un testament, et que, sur l'appel, le légataire universel transige en recevant des héritiers légitimes une somme d'argent et un immeuble de la succession, on ne peut pas considérer cette transaction comme opérant mutation du légataire universel aux héritiers légitimes.

156. Ainsi donc, pour nous résumer, nous dirons que le droit proportionnel est dû lorsque la transaction cesse d'être déclarative pour devenir translative, ce qui arrive toutes les fois que des choses *non comprises au litige* sont abandonnées à celui auquel elles n'appartenaient pas; il y a alors passage de ces choses d'une main dans une autre; il y a un mouvement de valeur qui rend le droit proportionnel exigible.

Quel est ce droit? Il faut distinguer. En effet, je puis, pour obtenir de vous l'abandon de votre prétention, ou vous compter immédiatement une somme d'argent, ou vous la promettre ; je puis aussi ou vous donner ou vous promettre une chose mobilière ou une chose immobilière. Il nous faut rechercher quel est le droit dû dans ces différentes hypothèses.

157. Ainsi : 1° Supposons qu'au moment où un procès va naître entre nous, je vais vous trouver, et que je vous compte, comme prix de la renonciation que vous faites à votre pré-

tendu droit, une somme non litigieuse ; quel sera, dans ce cas, le droit dû? Ce sera un droit de quittance (50 c, pour 100 fr., art. 69., § 1er, n° 11).

158. 2° Si, au lieu de vous payer comptant, je m'obligeais à vous payer une somme ; si, en d'autres termes, je souscrivais à votre profit une obligation par laquelle je m'engagerais à vous payer une certaine somme étrangère au litige, ce serait alors le droit proportionnel de *un pour cent* qui serait dû, quelle que fût la nature mobilière ou immobilière des objets litigieux. En application de ce principe, le tribunal de la Seine, par un arrêté du 3 janvier 1850, a jugé que, lorsque des héritiers renoncent à attaquer des actes passés par leur auteur, et portant transmission immobilière, moyennant une somme qui leur est allouée à titre de transaction, il n'est dû que le droit de *un pour cent* sur cette somme.

159. Si, au lieu de promettre de payer une valeur étrangère au litige, je m'obligeais à exécuter la créance, créance qui, du reste, a été enregistrée, le droit de *un pour cent* cesserait d'être exigible (1), à moins pourtant

---

(1) Par application de ce principe, qui a toujours été reconnu en matière d'enregistrement : qu'*une même disposition ne peut donner ouverture qu'à un seul droit*, l'objet qui a payé le droit ne doit plus le payer; la dette est acquittée, le débiteur est libéré, *sufficit semel esse solutum.*

qu'il n'y eût novation dans la créance, novation qui, du reste, se présume très facilement
dans le contrat qui nous occupe.

Mais supposons que, pour terminer un différend qui existait entre vous et moi, je me suis
obligé à vous payer une somme de 500 fr. sur
laquelle je vous ai remis de suite 200 fr., dont
vous m'avez même donné quittance dans l'acte
par lequel je me suis lié vis-à-vis de vous,
puis que nous avons fait ensuite enregistrer cet
acte, quel sera, dans ce cas, le droit exigible?
Le receveur de l'enregistrement ne pourra réclamer que le droit de *un pour cent*, en vertu
de l'art. 69, § 3, n° 3, car l'acte qui lui est
présenté ne contient qu'une obligation de
sommes, sans libéralité ni mutation de propriété; la question est celle de savoir si le receveur pourra percevoir le droit de *un pour
cent* sur la somme totale de 500 fr., montant
de l'obligation, ou si, au contraire, il ne
pourra percevoir ce même droit que sur la
somme de 300 fr. ? Nous croyons que le receveur ne devrait être admis à exiger le droit de
un pour cent que sur la somme de 300 fr.
Nous fondons notre décision sur ces motifs :
1° que le droit d'obligation n'est exigible que
sur un acte contenant *obligation de sommes*; or,
selon nous, une obligation cesse d'exister dès
qu'elle est acquittée; 2° que le droit propor-

tionnel de *un pour cent* ne pourrait être perçu sur la somme que j'ai payée comptant, ainsi que sur ce dont je suis encore débiteur, sans violer les principes les plus élémentaires du droit d'enregistrement.

En effet, il a toujours été admis dans notre matière, qu'on ne pouvait pas percevoir à la fois et sur le même acte et à raison des mêmes sommes un droit d'obligation et un droit de libération. Or, c'est ce qui arriverait dans notre espèce, si, après avoir perçu un droit de quittance (légitimement dû) sur la somme que je vous ai payée comptant, le receveur voulait encore exiger sur cette même somme un droit proportionnel de *un pour cent* en vertu de l'art. 69, § 3, n° 3, de la loi de frimaire an VII. Il est vrai que le receveur pourrait invoquer en faveur du droit à percevoir un jugement du tribunal de Cambrai (du 31 août 1841), qui porte que le droit d'obligation est exigible *sur le tout,* quand bien même il est constaté dans l'acte qu'une partie des sommes stipulées a été déjà payée ; le tribunal de Cambrai sur ce que l'art. 69, § 3, n° 3, de la loi de frimaire, soumet à un droit de *un pour cent* toute transaction contenant obligation de sommes, sans faire de distinction entre les sommes payées et celles à payer ; c'est (est-il dit dans les considérants de ce jugement) *l'obligation elle-même* qui détermine le droit, sans égard au mode de paiement convenu entre les parties. Nous admettons parfaitement avec ce tribunal que c'est *l'obligation elle-même* qui détermine le droit à percevoir; seulement nous en tirons cette conséquence bien simple, à savoir que le droit n'est dû qu'autant que l'obligation existe; or, pour nous, dès qu'une obligation est payée, elle est éteinte, et aucun droit ne peut plus être réclamé à son occasion.

160. 3° Nous avons déjà parcouru les deux hypothèses dans lesquelles, pour obtenir votre renonciation à votre prétendu droit, je vous ai 1° sur le champ compté une somme d'argent non litigieuse ; nous avons dit que dans ce cas le droit dû était le droit de quittance, de libération (50 cent. p. cent, art. 69, § 11, L. de fr.). Nous avons compris, bien entendu, que vous m'aviez donné une décharge, et que nous avons fait enregistrer l'acte qui contient les clauses de notre transaction ; car, comme nous l'avons dit, le droit sur les actes ne peut être demandé qu'autant que l'acte est présenté à l'enregistrement.

2° Dans une seconde hypothèse nous avons prévu le cas où j'ai souscrit, comme prix de votre désistement, une obligation de sommes non litigieuses ; nous avons dit que dans ce cas le droit exigible était celui de *un pour cent*, en vertu de l'art. 69, § 3, n° 2, de la loi de frimaire. Nous arrivons maintenant à notre troisième hypothèse, celle dans laquelle je vous ai donné un objet non litigieux, mobilier ou immobilier ; dans ce cas, les droits qui devront être perçus seront les droits de mutation mobilière ou immobilière , suivant que l'objet abandonné sera mobilier ou immobilier.

Notons que si je vous ai abandonné un *objet mobilier*, le droit de mutation qui sera dû à cette occasion ne pourra être exigé qu'autant que nous aurons rédigé un acte écrit que nous aurons fait enregistrer, parce que, dans ce cas, le droit n'est dû que d'une convention écrite.

Si au contraire je vous ai donné un immeuble, en propriété ou en usufruit, le droit qui sera dû pourra être réclamé indépendamment de tout écrit car, quand il s'agit de mutation de biens immeubles en propriété ou en usufruit, le droit est dû à l'occasion de cette mutation et non à l'occasion de l'acte (1). Ce dernier principe ne se trouve pas écrit dans la loi du 22 frimaire an VII, mais il se trouve dans celle du 27 ventôse an IX (art. 4), qui ordonna de percevoir, dans l'hypo-

---

(1) Dans le cas de mutation de biens immeubles *en jouissance* seulement, le droit ne peut être réclamé qu'autant qu'un écrit a été dressé ; du reste, peu importe qu'il soit représenté ou non, il suffit que son existence soit prouvée par la régie.

thèse qui nous occupe, le droit de mutation, lors même qu'il n'apparaîtrait ou n'existerait aucune convention écrite. A partir de cette dernière loi, ce ne fut plus sur l'acte *instrumentum*, mais sur la convention translative, que l'impôt porta. Le système de la loi de frimaire, qui n'avait fait que reproduire celui de la loi de 1790, consistait au contraire à ne percevoir que sur les actes (1).

CHAPITRE III.

DIFFÉRENCES ENTRE LA TRANSACTION ET D'AUTRES ACTES OU CONTRATS AVEC LESQUELS ELLE A QUELQUE ANALOGIE.

161. La transaction ne doit pas être confondue avec le *désistement ;* il est vrai que dans le désistement de même que dans la transaction il y a un droit qu'on abandonne, un droit auquel on renonce ; mais ce qui est vrai aussi, c'est que pour qu'il y ait transaction, il faut : 1° que le droit auquel on renonce soit *douteux, incertain* ; 2° que ce sacrifice soit fait en vue de quelque chose que l'autre partie donne ou promet ; tandis que dans le désistement, on abandonne un droit soit certain, soit incertain, et on l'abandonne sans rien recevoir.

____

(1) Voir le Traité de MM. Championnière et Rigaud, t. 1er, n° 124 ; tome 2, n° 1646.

162. Ensuite, la transaction pure et simple est tarifée au droit fixe de 3 fr. d'après la loi du 28 avril 1816, art. 44, n° 8; tandis que le désistement pur et simple est tarifé par l'article 43, n° 2, de la même loi, au droit fixe de 2 fr.

163. Les contrats de transaction et de donation diffèrent sous trois rapports : 1° quant à la nature du droit qui en est l'objet; 2° quant à l'intention des parties; 3° quant à la forme exigée par la loi pour leur existence.

Les contrats de donation et de transaction diffèrent entre eux : 1° quant à la nature du droit qui en est l'objet; en effet, la transaction a pour objet un droit douteux, *res dubia, res incerta*; tandis que la donation a pour objet une chose certaine, *res indubitata,* comme dit la loi romaine. 2° Quant à l'intention des parties ; dans une transaction on stipule pour soi, pour sa tranquillité ; on consent à perdre quelque chose, mais c'est dans le but unique d'éviter un procès ou d'en terminer un ; quand on fait une donation, au contraire, la cause de l'abandon que l'on fait ou de son droit ou de son bien, est le désir de faire plaisir à autrui. 3° Enfin, la donation diffère de la transaction quant à la forme; en effet, la donation est un contrat solennel, tandis que la transaction est un contrat non solennel; il est vrai que la loi exige qu'il soit rédigé par écrit (art. 2054, C. Nap.), mais ce n'est pas *ad solemnitatem* (comme nous l'avons expliqué dans la première partie de ce travail, chap. 2, n° 18), mais seulement *ad probationem*.

163. Il faut aussi, au point de vue du droit d'enregistrement, distinguer ces deux contrats, car ils sont passibles l'un et l'autre de droits différents.

Dans une transaction, *le droit fixe* est exigible en règle générale ; *le droit proportionnel* n'est dû que par exception, parce que la transaction est en principe (selon nous, du moins), non pas translative mais simplement déclarative de propriété.

Dans la donation, au contraire, contrat essentiellement translatif, puisque la transmission en est l'objet principal, le droit proportionnel est toujours exigible ; seulement, le droit à percevoir diffère : 1° selon que ce contrat a eu lieu entre parents en ligne directe ou collatérale, ou entre personnes non parentes ; 2° selon que l'objet donné est meuble ou immeuble (1).

---

(1) Ajoutez encore, selon que la donation est faite ou non dans un contrat de mariage, qu'elle porte ou non partage. V. loi de frimaire an VII, art. 69, § 4-1° (modifié par l'art. 3 de la loi du 16 juin 1824) ; § 6-1° (modifié par les lois des 28 avril 1816, art. 53, et 21 avril 1832, art. 33) ; § 8-1° (modifié par les lois des 28 avril 1816, art. 53, et 21 avril 1832, art. 33).

Quant aux transactions, dans les cas où le droit proportionnel est exigible , il est nécessaire, pour la perception du droit, de considérer la nature des objets abandonnés, mais la condition des transigeants est sans aucun effet.

165. La transaction a quelque analogie avec la ratification ; elle en diffère pourtant : 1° en ce que la ratification intervient sur un acte dont la nullité est incontestable, tandis que pour qu'il y ait transaction véritable, cette nullité doit être douteuse ; 2° en ce que la ratification peut être donnée gratuitement et sans que le ratifiant reçoive rien, tandis que dans la transaction, celui qui consent le maintien ou la validité de l'acte doit recevoir quelque chose.

La transaction pure et simple est tarifée au droit fixe de 3 fr. (loi du 28 avril 1816, art. 44, n° 8). La ratification pure et simple ne donne ouverture qu'à un droit fixe de 1 fr. (loi du 22 frimaire an VII, art. 68, § 1er).

166. Nous devons faire remarquer, en finissant, que notre droit actuel, bien plus sage sous ce point que le vieux droit romain, ne s'attache pas au nom dont les parties ont qualifié leurs conventions, mais bien aux effets de ces mêmes conventions, pour en déterminer la nature et, par contre, pour fixer les droits auxquels ces contrats peuvent donner ouverture ; c'est ainsi que la régie perçoit très bien un droit propor-

tionnel en vertu d'un acte qui, quoique paré du nom de transaction, contient cependant une véritable transmission d'un droit certain ; et c'est aussi par le même motif, qu'aucun droit de mutation n'est dû d'un acte qui, quoique mentionnant une *cession, transport* ou *subrogation de droits*, n'est en réalité qu'une transaction sur des droits contestés.

Aucun droit de mutation n'est dû, disons-nous, d'un acte qui n'est en réalité qu'une transaction sur des droits contestés, quoique cet acte porte *cession, transport ou subrogation de droits;* quoique aucun droit ne soit dû en vertu d'un tel acte, la régie, en présence de ces expressions, fait entendre ses réclamations, et exige souvent le droit proportionnel, droit que, le plus souvent aussi, les tribunaux la condamnent à restituer ; mais quoique recouvrant une somme indûment payée, les parties n'en ont pas moins eu des ennuis, des frais et, le plus désagréable, un procès, et un procès souvent fort long. Où est la cause de ce mal? Elle se trouve dans l'emploi que font beaucoup de praticiens de certaines formules inexactes et surabondantes; du reste le mal que nous signalons n'est pas nouveau, il existait déjà dans notre ancienne jurisprudence ; c'est ce qui résulte du passage suivant de Guyot (1) :

____

(1) Du Quint., chap. 10, n° 1.

« Le procès qui paraît assoupi par une tran-
« saction, se réveille souvent par le style dans
« lequel elle est conçue ; les notaires ne quit-
« tent pas volontiers un style que leur usage a
« consacré ; ainsi, si quelqu'un quitte et délaisse
« un héritage, ils pensent que ce n'est pas assez
« de dire qu'il se *désiste de tout droit...,* ils ajou-
« tent toujours la *cession* et *transport* avec le
« correctif *en tant que besoin est ou serait...,*
« comme si un homme qui se désiste formelle-
« ment d'un héritage ou d'un droit, qui déclare
« qu'il n'y prétend rien, qu'il n'y a aucun droit,
« qu'il reconnaît légitime la possession du co-
« transigeant, a besoin, pour faire valoir la
« transaction, de faire une *cession de ces droits,*
« lorsque *par cet acte il reconnaît qu'il n'en a*
« *aucun...* ; le seigneur vient, l'acte porte *ces-*
« *sion,* il conclut aux droits ; cependant dans le
« vrai, on n'a rien cédé. »

L'on retrouve encore aujourd'hui dans les
transactions cette clause surabondante et dan-
gereuse ; le seigneur ne vient plus, mais la régie
lui a succédé et fait valoir, comme nous l'avons
déjà dit, la même prétention.

POSITIONS.

DROIT ROMAIN.

I. Nous pensons avec Cujas (sur la loi 1, D., *de transact.*), que loi 6 au Dig., *de transact.*, a été altérée par Tribonien, et que sa décision est fausse.

II. La garantie n'est due dans une transaction, que dans le cas où l'objet abandonné ne fait pas partie des objets litigieux (L. 33 au Code, *de transact.*).

III. La transaction sur aliments dus en vertu d'un legs ou d'une donation à cause de mort, ne pouvait avoir lieu qu'avec l'autorisation du préteur (L. 8 au Dig., et L. 8 au Code, *de transact.*).

IV. D'après les lois romaines qui traitent de la clause pénale dans une transaction, il est difficile de voir quel était l'effet que les jurisconsultes romains attribuaient à cette clause.

HISTOIRE DU DROIT.

I. L'origine du douaire est germanique; purement *conventionnel* dans le principe, le douaire finit par devenir *coutumier* sous l'influence de l'église.

II. Les origines de la censive ont été très complexes ; on peut en distinguer jusqu'à quatre.

DROIT FRANÇAIS.

I. La preuve par interrogatoire sur faits et articles et par la délation du serment n'est pas applicable à la transaction.

II. La femme séparée de biens ne peut pas seule transiger sur son mobilier. Le mineur émancipé ne peut pas seul transiger sur ses revenus ; il ne le pourrait même pas avec la seule assistance de son curateur ; enfin le mineur émancipé commerçant ne peut pas lui-même transiger sur les affaires relatives à son commerce.

III. La transaction, quant à l'objet litigieux sur lequel elle a porté, est toujours déclarative de propriété.

VI. La question de savoir si un enfant naturel peut être adopté par son père ou par sa mère qui l'a reconnu, doit être laissée à l'appréciation toute souveraine des juges.

V. Les enfants issus du mariage putatif contracté par un mort civilement peuvent succéder à leur père et aux parents de leur père.

VI. Le mari commun peut, avec l'autorisation de sa femme, donner valablement des immeubles de la communauté.

VII. Lorsque l'un des futurs époux a, dans l'intervalle du contrat de mariage à la célébration, converti ses immeubles en meubles, les meubles ainsi acquis tombent dans la communauté.

VIII. Lorsque le mari a commis un délit, les réparations civiles auxquelles il est condamné sont à la charge de la communauté sans récompense.

IX. L'héritier mineur, mais *doli capax*, qui détourne un objet de la succession, devient héritier pur et simple.

X. Le subrogé acquiert, par l'effet de la subrogation, non-seulement les accessoires de la créance, mais la créance elle-même avec ses accessoires.

XI. Lorsqu'un créancier hypothécaire ou privilégié a été payé en deux fois par deux personnes différentes qu'il a subrogées, le second subrogé a un droit de préférence sur le premier.

XII. Lorsqu'une dette a été garantie par une hypothèque et par un cautionnement, si l'immeuble hypothéqué passe entre les mains d'un tiers détenteur, et que le débiteur devienne insolvable, la perte résultant de cette insolvabilité devra être supportée par le tiers détenteur, sauf, bien entendu, sa faculté de délaisser.

DROIT PÉNAL.

I. L'interdiction légale prononcée par l'article 29 du Code pénal n'enlève pas à l'interdit le droit de tester et de se marier.

II. Le fait d'avoir donné la mort à autrui, sur la demande et du consentement de la victime, tombe sous l'application de nos lois pénales.

DROIT DES GENS.

I. Les biens meubles d'un ministre étranger peuvent, en général être saisis, pour le paiement des dettes qu'il a contractées avant ou pendant le cours de sa mission.

II. Un ministre étranger qui a donné asile

à un criminel dans son hôtel, peut toujours, dans ce cas, être soumis aux perquisitions de l'autorité.

Vu par le Président,
ORTOLAN.

Vu par le Doyen,
C.-A. PELLAT.

Permis d'imprimer :

Le Recteur de l'Académie
CAYX.